Le Capitaine Alfred DREYFUS

LETTRES

D'UN

INNOCENT

Prix Provisoinement 1 fr. 50

PARIS

P.-V. STOCK, ÉDITEUR

8, 9, 10, 11, Galerie du Théâtre-Français, 8, 9, 10, 11

1898

LETTRES D'UN INNOCENT

Le Capitaine Alfred DREYFUS

LETTRES

D'UN

INNOCENT

Prix : 1 Franc

PARIS
ÉDITION DE "L'AURORE"
142, rue Montmartre, 142

1898

INTRODUCTION

HISTOIRE D'UNE ERREUR JUDICIAIRE
PAR UN TÉMOIN DE LA VÉRITÉ

I

LES PIÈCES SECRÈTES

Il y a six mois à peine, on n'aurait pas trouvé cent personnes, en France, qui eussent osé élever la voix en faveur du capitaine Dreyfus. Aujourd'hui, c'est par centaines de mille que se comptent les partisans de la revision du procès de 1894 et, malgré vents et marées, leur nombre augmente en une progression rapide.

D'où vient pourtant qu'une idée, qui a déjà vaincu tant de résistances, rencontre encore tant d'adversaires acharnés ?

La raison en est simple. Les premiers ont connaissance des faits ; les seconds ne paraissent pas les soupçonner. Quand ces derniers seront édifiés à leur tour, c'est le pays tout entier qui sera conquis à la vérité.

Cette pénétration de la lumière est malheureusement ralentie par la conspiration du mensonge ou du silence, qui semble avoir été organisée par une grande partie de la presse.

La plupart des journaux laissent leurs lecteurs dans l'ignorance absolue de ce qui pourrait les éclairer ou, s'ils leurs fournissent quelques renseignements, ils les tronquent et les dénaturent. Que la force de l'évidence les contraigne à donner à leurs informations plus d'exactitude, et tous les malentendus qui nous divisent auront bientôt cessé.

C'est à hâter ce résultat que nous espérons travailler en leur enseignant ce qu'ils auront à raconter le jour où ils voudront bien devenir sincères.

Dreyfus a été IRRÉGULIÈREMENT condamné sur la production, après débat clos, de pièces secrètes.

Un premier fait est indéniable : c'est que Dreyfus a été condamné sur la production de pièces secrètes communiquées au Conseil de guerre après la clôture des débats.

Il suffit, pour l'établir, du silence gardé par le général Mercier, par le Ministre de la guerre, par les membres du Gouvernement, toutes les fois qu'ils ont été appelés à s'expliquer sur ce point. Une négation de leur part eût suffi pour que la question ne leur fût plus posée; mais ils n'ont pas voulu faire un aussi gros mensonge, ils se sont tus! Le refus de s'expliquer, quand ils pouvaient parler, équivaut à un aveu formel.

Et comment, en effet, n'ayant pas le courage de reconnaître ouvertement l'illégalité commise, auraient-ils eu l'audace de la nier? On ne s'expose pas à se faire donner les éclatants démentis qui se seraient élevés contre leur parole s'ils eussent essayé de répondre « non » quand c'est un « oui » que la vérité commande.

Les témoins de ce « oui », désormais indiscutable sont déjà nombreux.

C'est Mᵉ Demange, avocat, qui a raconté, sous la foi du serment, comment son confrère, M. Salle, en a un jour reçu la déclaration expresse d'un membre du Conseil de guerre de 1894.

C'est le secrétaire de Mᵉ Demange qui confirme les souvenirs de ce dernier.

C'est l'éditeur Stock qui a recueilli, lui aussi, comme M. Salle, semblable aveu d'un autre membre du même Conseil de guerre et qui a, en outre, pu spécifier, sans recevoir un démenti, le nombre et la nature des pièces secrètes abusivement communiquées.

C'est le lieutenant-colonel Picquart qui a fait connaître comment cette communication avait été préparée, par la remise aux mains du commandant du Paty de Clam, en décembre 1894, du dossier secret.

C'est le récit de *l'Éclair*, dans son numéro du 15 septembre 1896.

Ce seront, enfin, tous les membres du Conseil de guerre, le jour où leur langue voudra bien se délier en dehors des confidences particulières.

La preuve fournie sur ce point suffit à faire crouler tout entier le procès de 1894, car le premier droit d'un accusé est de savoir ce dont on l'accuse et d'être mis en état de se justifier, ainsi que M. le Procureur général de la Cour de cassation l'a proclamé dans l'intérêt de la loi.

Pour rassurer les esprits, M. le Ministre de la guerre n'avait pas craint de dire à la Chambre que Dreyfus avait été régulièrement et légalement condamné.

C'est le contraire qui se trouve constaté. Le capitaine Dreyfus a été IRRÉGULIÈREMENT et ILLÉGALEMENT condamné.

II

DREYFUS N'EST PAS L'AUTEUR DU BORDEREAU QUI LUI A ÉTÉ ATTRIBUÉ A TORT EN 1894 ET QUI ÉTAIT L'UNIQUE CHEF D'ACCUSATION POUVANT MOTIVER SA CONDAMNATION.

Un rapide récit des faits est nécessaire.

Un jour, en 1894, un espion a apporté au Ministère de la guerre une lettre qu'il a dit avoir été surprise à l'ambassade d'Allemagne et qui tendait à démontrer qu'un de nos officiers livrait les secrets de la défense nationale à M. de Schwartzkoppen, attaché militaire auprès de cette ambassade.

C'est cette lettre qui a été appelée le BORDEREAU, parce qu'elle contenait l'énumération de documents qui venaient d'êtres communiqués à l'attaché militaire.

Trouver l'auteur du bordereau, c'était mettre la main sur le traître. Malheureusement, on partit de cet *a priori* que la trahison devait avoir été commise dans les bureaux mêmes de la Guerre. On prit, en conséquence, des spécimens d'écriture de tous les employés du Ministère; après comparaison, on en retint quelques-uns qui offraient des traits plus ou moins éloignés de ressemblance avec la pièce dénonciatrice. Bientôt on n'en conserva qu'un seul : celui qui émanait du seul juif de la maison, le capitaine Dreyfus, qui, dès qu'il se trouva directement accusé, apparut comme devant être forcément coupable.

L'expert habituel du ministère, l'honorable M. Gobert, également expert du Parquet et de la Banque de France, fut appelé à donner son avis. Il émit l'opinion qu'on devait faire fausse route, mais on ne s'arrêta pas à un aussi gênant conseil; on fit de même pour M. Pelletier qui montra les mêmes scrupules, et l'on ne se tint pour satisfait que lorsqu'on put enfin fortifier l'accusation des conclusions de MM. Bertillon, Teyssonnières et Charavay. Que la bonne foi de ces trois derniers experts ait été entière, il n'y a aucun intérêt à le contester; mais leur appréciation choquait les plus claires vraisemblances : c'est ce qui ressortait avec évidence des termes mêmes de leur rapport.

Ils avaient été les premiers à constater, en effet, des dissemblances entre l'écriture de Dreyfus et celle du bordereau, tout en les déclarant de même origine, et ces dissemblances avaient dû être expliquées par eux. Or, ils n'avaient rien trouvé de plus simple que de les déclarer *a priori* volontaires. D'après eux, Dreyfus avait sans doute voulu détourner de lui les soupçons et il avait dû s'appliquer à changer, dans une certaine mesure, la forme de ses lettres et ses habitudes de main.

La supposition était d'autant plus téméraire qu'elle était grosse d'absurdité. Comment, si Dreyfus, écrivant le bordereau, eût craint d'être dénoncé par son écriture, n'en eût-il pas complètement dénaturé le caractère et se fût-il contenté de quelques changements insuffisants pour se mettre à l'abri de toutes suspicions? Il n'était pas permis de lui prêter une pareille sottise et toute l'expertise ne reposait ainsi que sur un faux raisonnement. Les dissemblances d'écriture constatées, ne pouvant être volontaires, prouvaient que Dreyfus n'était pas l'auteur du bordereau. Voilà ce que disait le bon sens. C'est, sans doute, la fragilité d'une expertise aussi peu concluante qui fit juger nécessaire, une fois le débat clos, la communication des pièces secrètes. Mais si cette expertise ne pouvait être une base sérieuse pour la condamnation et si, d'autre part, on ne pouvait juger Dreyfus sur des pièces qui ne lui avaient pas été communiquées, sur quoi donc pourrait-on se fonder pour accepter comme exacte la sentence du Conseil de guerre?

La justice peut se tromper, nous dit-on; mais il ne suffit pas d'une possibilité d'erreur pour revenir sur la chose jugée. Soit; nous ne l'ignorons pas. Mais il ne s'agit pas seulement de possibilité d'erreur : l'évènement en a prouvé la certitude, lorsque sont venus de nouveaux éléments d'appréciation devant lesquels il n'est plus permis d'invoquer les fictions juridiques et de fermer les yeux.

Le Conseil de guerre de 1894 ne savait pas tout, lorsqu'il a cru devoir déclarer Dreyfus auteur du bordereau que lui attribuaient MM. Bertillon et Teyssonnières. Il ignorait ce qui a été découvert en 1896 par le lieutenant-colonel Picquart, à savoir que ce bordereau était de l'écriture du commandant Esterhazy.

A partir de ce moment, il n'y a plus eu à interpréter le défaut de similitude constaté avec l'écriture de Dreyfus et à supposer qu'il puisse être le résultat d'un calcul et d'une dissimulation. L'écriture de Dreyfus est dissemblable, dans son ensemble, de celle du bordereau, par cette raison toute naturelle que ces deux écritures n'ont pas été tracées par la même main. Il n'y a plus de doute possible. Il ne saurait s'agir de l'écriture de Dreyfus là où l'on retrouve, sans différence aucune, trait pour trait, celle d'Esterhazy.

Qui nie le fait?

Personne. Trois experts, MM. Couard, Varinard et Belhomme ont bien prétendu que ce n'était pas le commandant qui avait dû lui-même écrire le bordereau; mais ils ont si bien reconnu le cachet propre de son écriture qu'ils ont admis que cette écriture, avait dû être décalquée sur des correspondances émanées de lui.

C'est complaisamment accepter l'hypothèse imaginée par Esterhazy lorsque, frappé lui-même par une similitude écrasante, il avait essayé de prétendre que quelqu'un avait dû le décalquer; mais non seulement cette histoire de décalque n'a pas le sens commun : il faut ajouter que, fût-elle vraie, elle suffirait encore à disculper Dreyfus. Où serait, en effet, la preuve, s'il y avait eu décalque de l'écriture d'Esterhazy, que ce fût Dreyfus qui en eût été l'auteur?

Non seulement il ne serait pas plus plausible de le lui imputer qu'à tout autre, mais il y aurait même, à son égard, une circonstance particulière qui devrait écarter de lui tout soupçon. S'il eût fabriqué le bordereau en simulant l'écriture d'Esterhazy, il faudrait, en effet, supposer qu'il aurait eu la pensée de détourner sur ce dernier l'accusation, si la trahison venait à être découverte. Or, comment expliquerait-on alors qu'il se fût laissé condamner en 1894 sans chercher à profiter de sa manœuvre; qu'il eût souffert trois ans à l'île du Diable sans prononcer le nom d'Esterhazy, et que la découverte du fait qui devait le sauver appartînt, tout à fait en dehors de lui, au chef du bureau des renseignements de la Guerre ?

Dreyfus a donc été victime d'une erreur matérielle dont les preuves sont tangibles.

De deux choses l'une : ou le bordereau est l'œuvre personnelle d'Esterhazy (ce qui paraît l'évidence), ou il a été décalqué sur l'écriture d'Esterhazy (ce qui est l'invraisemblable version des experts); mais, quelle que soit l'hypothèse à choisir, elles excluent également l'une et l'autre l'idée qu'on soit en présence de l'écriture même du capitaine Dreyfus.

III

Il n'y a pas de pièces secrètes convainquant de trahison Dreyfus

Le bordereau échappant à l'accusation, on a cru devoir se rattraper sur les pièces secrètes et on a répandu le bruit dans certains journaux, à grand renfort d'insinuations mensongères, qu'il existait des preuves de la culpabilité de Dreyfus qu'on ne pouvait faire passer sous les yeux du public.

Il est bien entendu, tout d'abord, que les prétendues preuves sont sans valeur contre lui, tant qu'elles ne lui ont pas été communiquées pour lui permettre de les discuter; mais examinons-les à sa place, puisque nous avons, nous, l'avantage d'en connaître la teneur. Elles n'ont aucune portée.

Parmi les documents qu'on a secrètement communiqués au Conseil de guerre, aucun, en fait, ne visait personnellement le capitaine Dreyfus. Ils ne lui étaient donc pas plus applicables qu'au premier venu de ses camarades. Un seul pouvait prêter à l'équivoque : c'est le fameux passage d'une lettre où un attaché d'ambassade écrivait à un autre attaché de ses amis : « Ce canaille de D..., etc. »

C'est sur la coïncidence de cette lettre D avec l'initiale de Dreyfus qu'on a bâti toute la légende des rapports qu'aurait entretenus l'infortuné capitaine avec les attachés militaires d'Allemagne et d'Italie. On a apporté dans la machination de ce roman tant de légèreté et de mauvaise foi, qu'on a été jusqu'à commettre un faux pour le mieux faire accepter par la crédulité publique.

Le 15 septembre 1896, le journal *l'Éclair*, parlant de l'impression décisive qu'avait produite sur le Conseil de guerre le passage sus-relaté, remplaçait l'initiale D par le nom même de Dreyfus et altérait ainsi le texte : « Cet animal de Dreyfus devient bien exigeant. »

A partir de ce moment, trompé par cette audacieuse falsification, beaucoup n'ont plus douté qu'il s'agissait de Dreyfus; mais leur erreur peut-elle persister quand la supercherie qui en a été la cause a été démasquée?

Affirmer que l'initiale D désigne un nom quand elle en peut aussi bien désigner cent autres, c'est pure folie, et il est effroyable de penser que c'est peut-être cependant cette affirmation qui a suffi pour entraîner la condamnation de Dreyfus!

Aussi bien, l'État-Major n'a point été le dernier à

sentir l'inanité d'une pareille preuve, et le général de Pellieux, dans le procès Zola, a cru devoir nous rassurer.

Il a admis que l'on pouvait bien n'avoir encore aucune preuve certaine de la culpabilité au moment du verdict de 1894; mais il a ajouté que cette preuve était arrivée deux ans plus tard, au Ministère, en novembre 1896.

Quelle est donc cette révélation confidentielle qui serait venue, après coup, montrer qu'on n'avait à redouter aucune erreur?

Il s'agirait, d'après l'honorable général, d'un bout de lettre non signée, mais accompagnée d'une carte de visite, dans laquelle un des deux attachés militaires des ambassades d'Allemagne et d'Italie aurait, à la veille de l'interpellation Castelin, conseillé à son camarade de ne pas dire un mot de « cette juiverie. »

« Cette juiverie » aurait indiqué Dreyfus, sur lequel il fallait faire le silence.

Que l'État-Major ait pris au sérieux cette note informe, quand elle lui est arrivée par le service de l'espionnage, il faut bien l'admettre, puisqu'il l'invoque comme son plus précieux argument; mais, en vérité, il faut qu'il y ait bien peu réfléchi et son esprit critique s'est singulièrement trouvé en défaut.

Les faux papiers Norton, les faux documents Lemercier-Picard auraient semblé authentiques auprès de ce Memorandum inouï, ridicule, invraisemblable, attribué à un officier d'ambassade : « Nous ne dirons pas un mot de cette juiverie ! »

Comment n'a-t-on pas vu qu'il y avait là manifestement une de ces inventions nombreuses à l'aide desquelles un habile faussaire a cherché à dérouter la justice depuis que le commandant Esterhazy s'est vu sérieusement soupçonné? Tout n'en montre-t-il pas le caractère apocryphe?

Quel besoin, d'abord, MM. de Schwartzkoppen et Panizzardi auraient-ils eu de s'exhorter au silence en 1896, quand, depuis 1894, ils se taisaient d'un commun accord?

Quelle idée les aurait pris de s'écrire pour se donner un mot d'ordre qu'il était au moins imprudent de mettre à la portée d'une main indiscrète? Ils se voyaient tous les jours, et souvent plusieurs fois par jour.

De quelles expressions, enfin, se seraient-ils servis pour donner leur avertissement?

Est-ce que le terme « cette juiverie » ne sort pas de la vraisemblance, et répond-il à l'esprit de réserve auquel deux officiers diplomates doivent être accoutumés?

« Cela flaire le faux, » avait dit immédiatement le lieutenant-colonel Picquart, qui avait compris que, en cherchant à compromettre un peu plus Dreyfus, quelqu'un, facile à reconnaître, cherchait à entraver l'enquête ouverte sur le compte d'Esterhazy. Et, après le colonel Picquart, tous ceux qui savent peser d'une main exercée la valeur probante d'un acte dont l'origine est incertaine, répètent sans hésiter : « C'est un faux! »

Voilà donc à quoi se réduisent les preuves mystérieuses sur lesquelles on voulait étayer l'œuvre du Conseil de guerre : quelques fragments, sans authenticité, de correspondance, remis on ne sait par qui au bureau des renseignements de l'État-Major, d'origine louche pour les uns et sans applicabilité pour les autres. Tous ignorés d'ailleurs de Dreyfus et lui étant légalement inopposables.

IV

La revision du procès Dreyfus s'impose, et on aurait tous les moyens de savoir quel est le traitre.

La double découverte que Dreyfus a été condamné sur la production irrégulière de pièces secrètes et comme auteur d'un bordereau qui lui a été à tort attribué, doit forcément entraîner la revision de son procès.

Que se passera-t-il quand il devra recomparaître devant ses pairs pour être jugé à nouveau? Là, l'instruction de son affaire devra s'élargir, pour éviter toute cause nouvelle d'erreur, et il sera indispensable qu'on tire au clair, en même temps que les accusations portées contre lui, celles qui pèsent sur le commandant Esterhazy.

Une similitude frappante d'écriture porte à penser que c'est à ce dernier que doit être attribué le bordereau, point de départ des poursuites. Il ne reste qu'un témoignage à consulter pour le disculper ou le confondre : c'est celui de l'officier aux mains duquel les pièces énumérées dans le bordereau ont été remises.

Si rien n'avait transpiré de ce que peut dire cet officier, peut-être serait-il délicat de lui demander son secret, qu'il pourrait vouloir taire; mais, au contraire, on sait ce qu'il dira avant qu'il ait publiquement parlé, car la vérité s'est déjà fait jour par des voies détournées.

On sait, par les déclarations formelles de M. le Ministre d'État de Bulow au Parlement allemand, et de M. Bonnin, sous-secrétaire d'État au Parlement italien, que jamais les attachés militaires d'Allemagne et d'Italie n'ont eu aucun rapport avec le capitaine Dreyfus. On sait, par ce qui se dit couramment dans les ambassades et ce qu'a raconté dans sa lettre au *Siècle* M. Casella, que le commandant Esterhazy a livré des quantités de documents militaires au colonel de Schwartzkoppen, et que ce dernier l'a déclaré « capable de tout ».

On sait, enfin, que ces assertions, produites au grand jour, n'ont provoqué aucun des démentis qu'elles eussent nécessités si elles étaient fausses; et ceux-là mêmes qui voudraient empêcher la vérité de se faire jour en sont réduits, pour les combattre, à inventer des histoires qui apparaissent comme des demi-aveux, à savoir que, si le commandant Esterhazy a jamais communiqué des pièces au colonel de Schwartzkoppen, il n'a agi qu'avec l'assentiment de ses chefs, se bornant à faire ce qui s'appelle, dans la langue du métier, du contre-espionnage.

Comment, quand les choses en sont arrivées à ce degré de clarté, se refuserait-on à faire le dernier pas pour arriver à la pleine et irrécusable lumière?

Dirait-on qu'il ne faut pas appeler des étrangers dans une affaire où la défense nationale peut se trouver intéressée? — Mais la défense du pays est elle donc en jeu dans une question de pure bonne foi, quand il ne s'agit que de guider la justice et de faire appel à des témoins nécessaires?

Quel serait notre état d'esprit si nous mettions en doute la sincérité de témoignages qui n'ont aucun intérêt à nous tromper, par ce motif seul qu'ils nous viennent du dehors? Assurément, s'il ne s'agissait que d'une question ordinaire de trahison, nous n'aurions rien à demander à des officiers de nationalité étrangère, et sans doute aussi ces derniers se refuseraient-ils à nous instruire de ce qu'ils pourraient savoir; mais oublie-t-on que le but à poursuivre n'est pas la répression d'un crime touchant à la sûreté extérieure de l'État? C'est la revision d'une erreur judiciaire qui soulève une question d'humanité.

Pour faire cesser cette intolérable iniquité, la torture morale d'un innocent, rien ne peut coûter à des hommes qui doivent avoir, comme premier principe gravé dans leur conscience, le respect de la justice et du droit.

Ils y doivent sacrifier, s'il est nécessaire, tout esprit d'amour-propre et d'orgueil. Le sacrifice accompli est, en un tel cas, plus noble et plus glorieux que les sentiments au-dessus desquels il a fallu s'élever pour y atteindre.

V

Un mot d'appel au sang-froid, a la raison et a la loyauté

Quelqu'un croyant à l'innocence de Dreyfus pourrait-il songer à étouffer, de gaieté de cœur, la vérité en marche?

S'il en est qui s'inquiètent de leurs responsabilités éventuelles et qui croient voir partout des raisons d'État, ils en sont là peut-être ; mais nous ne pouvons croire à une pareille indifférence de la part de ceux qui ne se sentent troublés par aucune préoccupation personnelle et qui ont conservé leur sang-froid.

Nous pouvons nous laisser abuser, nous abandonner aveuglément à l'intolérance d'un faux patriotisme ; mais nous ne sommes pas un peuple d'égoïstes, et notre générosité native se réveille quand nous croyons voir la vérité opprimée et l'injustice triomphante.

Que faut-il pour que nous nous rencontrions tous dans un même sentiment de pitié à l'égard du capitaine Dreyfus et que nous invoquions tous, en sa faveur, le secours de la loi ?

Il suffit que nous approfondissions, sans parti pris et d'un esprit loyal, les détails de son affaire ; que nous nous fassions un devoir de n'en rien ignorer et que, surtout, nous sachions rester sourds aux excitations révoltantes qui tendent à la transformer en levier politique.

Le jour où cette idée grandissante : que le condamné de l'île du Diable est un martyr, aura pénétré plus profondément dans le cœur de la nation, rien ne pourra plus la déraciner, et, ce jour-là, l'heure de la réparation aura sonné.

En attendant ce jour de soulagement, veuillez, vous qui venez de parcourir ces lignes, lire encore avec attention les lettres de celui dont la cause ne peut vous laisser insensibles, et que nous reproduisons ci-après comme un complément éloquent de notre appel.

Vous n'y trouverez ni explications, ni discussions, ni plaintes; mais vous y entendrez le cri de la conscience, et vous serez émus jusqu'au profond de votre être par l'accent confiant et sincère d'une protestation à laquelle trois années de souffrance indicible n'ont pas encore fait perdre tout espoir.

Lettres du capitaine DREYFUS

Décembre 1894

PRISON DU CHERCHE-MIDI

Mardi, 5 décembre 1894.

Ma chère Lucie,

Enfin je puis t'écrire un mot, on vient de me signifier ma mise en jugement pour le 19 de ce mois. On me refuse le droit de te voir.

Je ne veux pas te décrire tout ce que j'ai souffert, il n'y a pas au monde de termes assez saisissants pour cela.

Te rappelles-tu quand je te disais combien nous étions heureux? Tout nous souriait dans la vie. Puis tout à coup un coup de foudre épouvantable, dont mon cerveau est encore ébranlé. Moi, accusé du crime le plus monstrueux qu'un soldat puisse commettre! Encore aujourd'hui je me crois le jouet d'un cauchemar épouvantable.

Mais j'espère en Dieu et en la justice, la vérité finira bien par se faire jour. Ma conscience est calme et tranquille, elle ne me reproche rien. J'ai toujours fait mon devoir, jamais je n'ai fléchi la tête. J'ai été accablé, atterré dans ma prison sombre, en tête à tête avec mon cerveau; j'ai eu des moments de folie farouche, j'ai même divagué, mais ma conscience veillait. Elle me disait : « Haut la tête et regarde le monde en face! Fort de ta conscience, marche droit et relève-toi ! C'est une épreuve épouvantable, mais il faut la subir. »

Je ne t'écris pas plus longuement, car je veux que cette lettre parte ce soir.

Ecris-moi longuement, écris-moi tout ce que font les nôtres.

Je t'embrasse mille fois comme je t'aime, comme je t'adore, ma Lucie chérie.

Mille baisers aux enfants. Je n'ose pas t'en parler plus longuement, les pleurs me viennent aux yeux en pensant à eux.

Ecris-moi vite, ALFRED.

Toutes mes affections à toute la famille. Dis leur bien que je suis aujourd'hui ce que j'étais hier, n'ayant qu'un souci, c'est de faire mon devoir.

M. le Commissaire du gouvernement m'a prévenu que ce serait M⁰ Demange qui se chargerait de ma défense. Je pense donc le voir demain. Ecris-moi à la prison; tes lettres passeront, comme les miennes, par M. le Commissaire du Gouvernement.

Jeudi matin, 7 décembre 1894.

J'attends avec impatience une lettre de toi. Tu es mon espoir, tu es ma consolation; autrement la vie me serait à charge. Rien que de penser qu'on a pu m'accuser d'un crime aussi épouvantable, d'un crime aussi monstrueux, tout mon être tressaille, tout mon corps se révolte. Avoir travaillé toute sa vie dans un but unique, dans le but de revanche contre cet infâme ravisseur qui nous a enlevé notre chère Alsace et se voir accusé de trahison envers ce pays — non, ma chère adorée, mon esprit se refuse à comprendre ! Te souviens-tu que je te racontais que me trouvant il y a une dizaine d'années à Mulhouse, au mois de septembre, j'entendis un jour passer sous nos fenêtres une musique allemande célébrant l'anniversaire de Sedan ? Ma douleur fut telle que je pleurai de rage, que je mordis mes draps de colère et que je me jurai de consacrer toutes mes forces, toute mon intelligence à servir mon pays contre celui qui insultait ainsi à la douleur des Alsaciens.

Non, non, je ne veux pas insister, car je deviendrais fou et il faut que je conserve toute ma raison. D'ailleurs ma vie n'a plus qu'un but unique : c'est de trouver le misérable qui a trahi son pays, c'est de trouver le traître pour lequel aucun châtiment ne sera trop grand. Oh ! chère France, toi que j'aime de toute mon âme, de tout mon cœur, toi à qui j'ai consacré toutes mes forces, toute mon intelligence, comment a-t-on pu m'accuser d'un crime aussi épouvantable ? Je m'arrête, ma chérie, sur ce sujet, car les spasmes me prennent à la gorge ; jamais, vois-tu, homme n'a supporté le martyre que j'endure. Aucune souffrance physique n'est comparable à la douleur morale que j'éprouve lorsque ma pensée se reporte à cette accusation. Si je n'avais mon honneur à défendre, je t'assure que j'aimerais mieux la mort ; au moins ce serait l'oubli.

Ecris-moi bien vite. Toutes mes affections à tous.

Décembre 1894.

Ma bonne chérie,

Merci de ta longue lettre d'hier ; je n'ai jamais douté de ton adorable dévouement, de ton grand cœur. C'est surtout à toi que je pensais dans les jours sombres, à la tristesse et au chagrin que tu devais éprouver ; ce fut là ma seule faiblesse.

Quant à moi, ne crains rien ; si j'ai beaucoup souffert, je n'ai jamais ni courbé, ni fléchi la tête. Mes plus grands moments de tristesse étaient quand je pensais à toi, ma bonne chérie, à toute notre famille.

Je pressentais la douleur que vous deviez éprouver d'être ainsi sans nouvelles de moi.

J'avais le temps de penser à vous tous, dans ces longues journées et ces nuits sans sommeil, en tête à tête avec mon cerveau. Rien pour lire, rien pour écrire. Je tournais comme un lion en cage, essayant de déchiffrer une énigme que je ne pouvais pas saisir.

Mais tout en ce monde finit par se découvrir à force de persévérance et d'énergie ; je te jure que je découvrirai le misérable qui a commis cet acte infâme.

Conserve donc tout ton courage, ma bonne chérie, et regarde le monde en face, tu en as le droit.

Remercie tout le monde de leur admirable dévouement à ma cause, embrasse pour moi nos chers enfants et toute la famille.

Mille baisers pour toi de ton dévoué,

ALFRED.

Décembre 1894.

Ma bonne chérie,

Ta lettre que j'attendais impatiemment m'a fait éprouver un grand soulagement et en même temps m'a fait monter les larmes aux yeux en songeant à toi, ma bonne chérie.

Je ne suis pas parfait. Quel homme peut se vanter de l'être ? Mais, ce que je puis assurer, c'est que j'ai toujours marché dans la voie du devoir et de l'honneur ; jamais je n'ai eu de compromis avec ma conscience sur ce sujet. Aussi, si j'ai beaucoup souffert, si j'ai éprouvé le martyre le plus épouvantable qu'il soit possible d'imaginer, ai-je toujours été soutenu dans cette lutte terrible par ma conscience qui veillait droite et inflexible.

Ma réserve un peu hautaine, la liberté de ma parole et de mon jugement, mon peu d'indulgence, me font aujourd'hui le plus grand tort. Je ne suis ni un souple, ni un habile, ni un flatteur.

Jamais nous ne voulions faire de visites ; nous restions cantonnés chez nous, nous contentant d'être heureux.

Et aujourd'hui on m'accuse du crime le plus monstrueux qu'un soldat puisse commettre !

Ah ! si je tenais le misérable qui non seulement a trahi son pays, mais encore a essayé de faire retomber son infamie sur moi, je ne sais quel supplice j'inventerais pour lui faire expier les moments qu'il m'a fait passer.

Il faut cependant espérer qu'on finira par trouver le coupable. Ce serait, sans cela, à désespérer de la justice en ce monde.

Appliquez à cette recherche tous vos efforts, toute votre intelligence, toute ma fortune, s'il le faut.

L'argent n'est rien, l'honneur est tout.

Dis à M. (1) que je compte sur lui pour cette œuvre. Elle n'est pas au-dessus de ses forces. Dût-il remuer ciel et terre, il faut trouver ce misérable.

Je t'embrasse mille fois comme je t'aime.

Ton dévoué,
ALFRED.

Mille baisers aux enfants.

Toutes mes affections à toutes nos familles et merci de leur dévouement à la cause d'un innocent.

Lundi, 11 décembre.

Ma bonne chérie,

J'ai reçu ta lettre d'hier, ainsi que celles de ta sœur et d'Henri.

Espérons que bientôt justice me sera rendue et que je me retrouverai parmi vous.

Entre toi et nos chers enfants, entre vous tous, je retrouverai le calme dont j'ai grand besoin.

Mon cœur est profondément ulcéré et tu peux facilement le comprendre. Avoir consacré toute sa vie, toutes ses forces, toute son intelligence au service de son pays, et se voir accusé du crime le plus monstrueux qu'un soldat puisse commettre, c'est épouvantable.

Rien qu'en y pensant, tout mon être se révolte et tressaille d'indignation. Je me demande encore par quel miracle je ne suis pas devenu fou, comment mon

---

(1) Mathieu Dreyfus.

cerveau a pu résister à un choc aussi épouvantable.

Je t'en supplie, ma chérie, n'assiste pas aux débats. Il est inutile de t'imposer encore de nouvelles souffrances, celles que tu as déjà supportées, avec une grandeur d'âme et un héroïsme dont je suis fier, sont plus que suffisantes. Réserve ta santé pour nos enfants; nous aurons aussi besoin tous deux de nous soigner réciproquement pour oublier cette terrible épreuve, la plus terrible que les forces humaines puissent supporter.

Embrasse bien nos bons chéris pour moi, en attendant que je puisse le faire moi-même

Affectueux souvenirs à tous.

Je t'embrasse comme je t'aime.

Ton dévoué,
ALFRED.

Mardi, 12 décembre 1894.

Ma chère Lucie,

Veux-tu être mon interprète auprès de tous les membres de nos deux familles, auprès de tous ceux qui s'intéressent à moi, pour leur dire combien j'ai été touché de leurs bonnes lettres et de leurs témoignages de sympathie.

Je ne puis leur répondre, car que leur dirai-je? Mes souffrances? ils peuvent les comprendre, et je n'aime pas à me plaindre. D'ailleurs mon cerveau est brisé et les idées y sont parfois confuses. Mon âme seule reste vaillante comme au premier jour, devant l'accusation épouvantable et monstrueuse qu'on m'a jetée à la face. Tout mon être se révolte encore à cette pensée.

Mais la vérité finit toujours par se faire jour, envers et malgré tous. Nous ne sommes plus dans un siècle où la lumière pouvait être étouffée. Il faudra qu'elle se fasse entière et absolue, il faudra que ma voix soit entendue par toute notre chère France, comme l'a été mon accusation. Ce n'est pas seulement mon honneur que j'ai à défendre, mais encore l'honneur de tout le corps d'officiers dont je fais partie et dont je suis digne.

J'ai reçu les vêtements que tu m'as envoyés. Si tu en as l'occasion, tu pourras m'envoyer ma pèlerine, la pelisse est inutile. Ma pèlerine est dans l'armoire de l'antichambre.

Embrasse bien nos chéris pour moi. J'ai pleuré sur cette bonne lettre de notre cher Pierrot ; il me tarde bien de pouvoir l'embrasser, ainsi que vous tous.

Mille baisers pour toi.

Ton dévoué,
ALFRED.

Jeudi, 14 décembre 1894

Ma chère Lucie,

J'ai reçu ta bonne lettre ainsi que de nouvelles lettres de la famille. Remercie-les bien tous de ma part ; tous ces témoignages d'affection et d'estime me touchent plus que je ne saurais dire.

Quant à moi, je suis toujours le même. Quand on a la conscience tranquille et pure, on peut tout supporter. Je suis convaincu que la lumière finira par se faire, que la certitude de mon innocence finira par entrer dans tous les cœurs.

J'ai affaire à des soldats loyaux et honnêtes comme moi-même. Ils reconnaîtront, j'en suis sûr, l'erreur qui a été commise.

L'erreur, malheureusement, est de ce monde. Qui peut dire ne s'être jamais trompé?

Je suis heureux des bonnes nouvelles que tu me donnes des enfants. Tu as raison de mettre P... à l'huile de foie de morue, l'époque est propice. Embrasse bien ce gamin de ma part. Comme il me tarde de tenir ces chers enfants dans mes bras!

J'espère, comme toi, qu'on finira par m'accorder l'autorisation de t'embrasser. Ce sera pour moi un des jours les plus heureux de ma vie, ce sera une consolation à toutes les douleurs que j'ai endurées.

ALFRED.

Vendredi, 15 décembre 1894.

Ma chère Lucie,

J'ai reçu ta bonne lettre ainsi que celle de maman, merci des sentiments que celle-ci exprime à mon égard, sentiments dont je n'ai jamais douté et que j'ai toujours mérités, je puis le dire hautement.

Enfin le jour de ma comparution approche, j'en finirai donc avec cette torture morale. Ma confiance est absolue; quand on a la conscience pure et tranquille, on peut se présenter partout la tête haute. J'aurai affaire à des soldats qui m'entendront et me comprendront. La certitude de mon innocence entrera dans leur cœur, comme elle a été toujours dans celui de mes amis, de ceux qui m'ont connu intimement.

Ma vie tout entière en est le meilleur garant. Je

ne parle pas des calomnies infâmes et anonymes qu'on a débitées sur mon compte; elles ne m'ont pas touché, je les méprise.

Embrasse bien nos chéris pour moi, et reçois pour toi les tendres baisers de ton dévoué mari,

ALFRED.

Dimanche, 17 décembre 1894.

Ma chère Lucie,

Je ne sais si cette lettre te parviendra aujourd'hui, car les bureaux sont fermés. Je ne veux cependant pas laisser passer cette journée sans t'écrire un mot. Je suis heureux de te savoir entourée de toute la famille, ton chagrin doit être ainsi moins grand, car rien ne soutient comme l'affection qu'on vous témoigne.

Quant à moi, ma chérie, n'aie aucune inquiétude. Je suis prêt à paraître devant mes juges, l'âme tranquille.

Je puis paraître devant eux comme je paraîtrai quelque jour devant Dieu, le front haut, la conscience pure.

Je suis heureux de savoir que votre santé à tous est bonne, ainsi que celle des enfants.

Continue à bien te soigner, ma chérie, et conserve tout ton courage. L'épreuve, il est vrai, est grande, mais mon courage ne l'est pas moins.

Si j'ai eu des moments d'abattement terribles, si j'ai supporté une torture morale épouvantable du soupçon qu'on faisait planer sur moi, par contre ma tête est toujours restée haute. Aujourd'hui comme hier, je puis regarder le monde en face, je suis digne de commander à nos soldats.

Embrasse les chéris pour moi et affectueux baisers de ton dévoué

ALFRED.

Lundi, 18 décembre 1894.

Ma chère Lucie,

Je reçois aujourd'hui seulement ta bonne lettre de samedi. De même, je n'ai pu t'écrire hier dimanche, car les bureaux étaient fermés et ma lettre n'aurait pu passer.

Comme tu dois souffrir, ma pauvre chérie ! Je me l'imagine en comparant ta souffrance à celle que j'éprouve moi-même de ne pouvoir te voir. Mais il faut savoir se raidir contre la douleur, se résigner et conserver toute sa dignité.

Montrons que nous sommes dignes l'un de l'autre, que les épreuves, même les plus cruelles, même les plus imméritées, ne sauraient nous abattre.

Quand on a la consccience pour soi, on peut, comme tu le dis si justement, tout supporter, tout souffrir. C'est ma conscience seule qui m'a permis de résister ; autrement je serais mort de douleur ou, du moins, dans un cabanon de fous.

Je ne puis moi-même me rappeler encore les premiers jours sans un frisson d'épouvante ; mon cerveau était comme une chaudière bouillante ; à chaque instant je craignais qu'il ne m'échappât.

Ne t'inquiète pas de l'irrégularité de mes lettres ; tu sais que je ne puis t'écrire à ma guise. Sois donc forte et courageuse ; soigne bien ta santé.

Merci de toutes les nouvelles que tu me donnes des nôtres. Dis-leur que j'ai souvent pensé à eux, à la douleur qu'ils devaient éprouver. Il faut nous lier en un faisceau inébranlable que rien ne saurait briser; notre vie pure et honnête, tout le passé de toutes nos familles, notre dévouement à la France sont les meilleures garants de ce que nous sommes.

J'ai reçu aussi deux bonnes lettres de J. et de R. Elles m'ont fait grand plaisir.

Merci aussi des nouvelles que tu me donnes des enfants. Ah! les pauvres chéris! Quelle joie j'aurais à pouvoir les embrasser, ainsi que toi, ma bonne chérie. Mais je ne veux pas me laisser aller sur un pareil sujet, car alors tout se fond en moi...

L'amertume me monte du cœur aux lèvres... et il me faut toutes mes forces.

Remercie M., ainsi que tous mes frères et sœurs, ainsi que toute la famille, de ce qu'ils font pour moi. Embrasse-les bien de ma part.

Je m'arrête ici, car tous les souvenirs du bonheur que j'avais entre vous tous ravivent ma douleur.

Avoir tout sacrifié à son pays, l'avoir servi avec un entier dévouement, avec toutes ses forces, avec toute son intelligence... et se voir accusé d'un crime aussi épouvantable! Non... non..!

Écris-moi souvent, écris-moi longuement. Mes meilleurs moments sont ceux où je reçois des nouvelles de vous tous.

Mille baisers pour toi et les enfants.

Ton dévoué,
ALFRED.

Mardi, 13 décembre 1894.

Ma bonne chérie,

J'arrive enfin au terme de mes souffrances, au terme de mon martyre. Demain je paraîtrai devant mes juges, le front haut, l'âme tranquille.

L'épreuve que je viens de subir, épreuve terrible s'il en fût, a épuré mon âme. Je te reviendrai meilleur que je n'ai été. Je veux te consacrer à toi, à mes enfants, à nos chères familles, tout ce qui me reste encore à vivre.

Comme je te l'ai dit, j'ai passé par des crises épouvantables. J'ai eu de vrais moments de folie furieuse, à la pensée d'être accusé d'un crime aussi monstrueux.

Je suis prêt à paraître devant des soldats, comme un soldat qui n'a rien à se reprocher. Ils verront sur ma figure, ils liront dans mon âme, ils acquerront la conviction de mon innocence comme tous ceux qui me connaissent.

Dévoué à mon pays auquel j'ai consacré toutes mes forces, toute mon intelligence, je n'ai rien à craindre.

Dors donc tranquille, ma chérie, et ne te fais aucun souci. Pense seulement à la joie que nous éprouverons à nous trouver bientôt dans les bras l'un de l'autre, à oublier bien vite ces jours tristes et sombres.

A bientôt donc, ma bonne chérie, à bientôt le bonheur de t'embrasser ainsi que nos bons chéris.

Mille baisers en attendant cet heureux moment.

ALFRED.

23 décembre 1894.

Ma chérie,

Je souffre beaucoup, mais je te plains encore plus que moi. Je sais combien tu m'aimes; ton cœur doit saigner. De mon côté, mon adorée, ma pensée a toujours été vers toi, nuit et jour.

Etre innocent, avoir eu une vie sans tache et se voir condamné pour le crime le plus monstrueux qu'un soldat puisse commettre, quoi de plus épouvantable ! Il me semble parfois que je suis le jouet d'un horrible cauchemar.

C'est pour toi seule que j'ai résisté jusqu'aujourd'hui; c'est pour toi seule, mon adorée, que j'ai supporté le long martyre. Mes forces me permettront-elles d'aller jusqu'au bout? Je n'en sais rien. Il n'y a que toi qui puisses me donner du courage; c'est dans ton amour que j'espère le puiser.

Parfois, j'espère aussi que Dieu, qui m'a cependant bien abandonné jusqu'à présent, finira par faire cesser ce martyre d'un innocent, qu'il fera qu'on découvre le vrai coupable. Mais pourrai-je résister jusque-là?

J'ai signé mon pourvoi en revision.

Je n'ose te parler des enfants, leur souvenir m'arrache le cœur. Parle-m'en; qu'ils soient ta consolation.

Mon amertume est telle, mon cœur si ulcéré, que je me serais déjà débarrassé de cette triste vie, si ton souvenir ne m'arrêtait, si la crainte d'augmenter encore ton chagrin ne retenait mon bras.

Avoir entendu tout ce qu'on m'a dit, quand on sait en son âme et conscience n'avoir jamais failli, n'avoir même jamais commis la plus légère imprudence, c'est la torture morale la plus épouvantable.

J'essaierai donc de vivre pour toi, mais j'ai besoin de ton aide.

Ce qu'il faut surtout, quoi qu'il advienne de moi, c'est chercher la vérité, c'est remuer ciel et terre pour la découvrir, c'est y engloutir s'il le faut notre fortune, afin de réhabiliter mon nom traîné dans la boue. Il faut à tout prix laver cette tache imméritée.

Je n'ai pas le courage de t'écrire plus longuement. Embrasse tes chers parents, nos enfants, tout le monde pour moi.

Mille et mille baisers,

ALFRED.

Tâche d'obtenir la permission de me voir. Il me semble qu'on ne peut te la refuser maintenant.

Lundi soir, 24 décembre 1894.

Ma chérie,

C'est encore à toi que j'écris, car tu es le seul fil qui me rattache à la vie. Je sais bien que toute ma famille, que toute la tienne m'aiment et m'estiment; mais enfin, si je venais à disparaître, leur chagrin si grand finirait par disparaître avec les années.

C'est pour toi seule, ma pauvre chérie, que j'arrive à lutter; c'est ta pensée qui arrête mon bras. Combien je sens, en ce moment, mon amour pour toi; jamais il n'a été si grand, si exclusif. Et puis, un faible espoir me soutient encore un peu : c'est de pouvoir un jour réhabiliter mon nom. Mais surtout, crois-le bien, si j'arrive à lutter jusqu'au bout contre ce calvaire, ce sera uniquement pour toi, ma pauvre chérie, ce sera pour t'éviter encore un nouveau chagrin ajouté à tous ceux que tu as supportés jusqu'ici. Fais tout ce qui est humainement possible pour arriver à me voir.

Je t'embrasse mille fois comme je t'aime,

ALFRED.

---

24 décembre 1894
(Nuit de lundi à mardi)

Ma chère adorée,

J'ai reçu tout à l'heure ta lettre; j'espère que tu as reçu les miennes. Pauvre chérie, comme tu dois souffrir, comme je te plains! J'ai versé bien des larmes sur ta lettre, je ne puis accepter ton sacrifice. Il faut que tu restes, il faut que tu vives pour les enfants. Songe à eux d'abord avant de penser à moi; ce sont de pauvres petits qui ont absolument besoin de toi.

Ma pensée me ramène toujours vers toi.

Me Demange, qui est venu tout à l'heure, m'a dit combien tu étais admirable; il m'a fait de toi un éloge auquel mon cœur faisait écho.

Oui, ma chérie, tu es sublime de courage et de dévouement; tu vaux mieux que moi. Je t'aimais déjà de tout mon cœur et de toute mon âme; aujourd'hui, je fais plus, je t'admire. Tu es certes une des plus nobles femmes qui soient sur terre. Mon admiration pour toi est telle, que, si j'arrive à boire le calice jusqu'au bout, ce sera pour être digne de ton héroïsme.

Mais ce sera bien terrible de subir cette honteuse

humiliation; j'aimerais mieux me trouver devant un peloton d'exécution. Je ne crains pas la mort; je ne veux pas du mépris.

Quoi qu'il en soit, je te prie de recommander à tous de lever la tête comme je le fais moi-même, de regarder le monde en face sans faiblir. Ne courbez jamais le front et proclamez bien haut mon innocence.

Maintenant, ma chérie, je vais de nouveau laisser tomber ma tête sur l'oreiller et penser à toi.

Je t'embrasse et te serre sur mon cœur.

ALFRED.

Embrasse bien, bien les petits pour moi.

Veux-tu être assez bonne pour faire déposer 200 fr. au greffe de la prison.

---

25 Décembre 1894

Ma chérie,

Je ne puis pas dater cette lettre, car je ne sais même pas quel jour nous sommes. Est-ce mardi? Est-ce mercredi? Je ne sais. Toujours est-il qu'il fait nuit. Comme le sommeil fuit mes paupières, je me lève pour t'écrire.

Parfois il me semble que tout cela n'est pas arrivé, que je ne t'ai jamais quittée.

Dans mes hallucinations, tout ce qui vient de nous arriver me paraît un mauvais cauchemar; mais le réveil est terrible.

Je ne puis plus croire à rien, sinon en ton amour, en l'affection de tous les nôtres.

Il faut toujours chercher le véritable coupable;

tous les moyens sont bons. Le hasard seul ne suffit pas.

Peut-être arriverai-je à surmonter l'horrible terreur que m'inspire la peine infamante que je vais subir. Être un homme d'honneur et se voir arracher, quand on est innocent, son honneur, quoi de plus épouvantable? C'est le pire de tous les supplices, pire que la mort. Ah! si j'arrive jusqu'au bout, ce sera bien pour toi, ma chère adorée, car tu es le seul fil qui me rattache à la vie.

Comme nous nous aimions!

C'est aujourd'hui surtout que je sens toute la place que tu as dans mon cœur. Mais, avant tout, soigne-toi, occupe-toi de ta santé. Il le faut, à tout prix, pour mes enfants, qui ont besoin de toi.

Donc, poursuivez vos recherches à Paris comme là-bas. Tout est à tenter, il ne faut rien négliger. Le nom du coupable, il y a forcément des personnes qui le connaissent.

Je t'embrasse, ALFRED.

---

26 Décembre 1894.
(Mercredi, deux heures.)

Ma chérie,

Je viens de recevoir tes deux lettres et celle de Marie.

Tu es sublime, mon adorée, et j'admire ton courage et ton héroïsme. Je t'aimais déjà; aujourd'hui, je me mets à deux genoux devant toi, car tu es une femme sublime. Mais ne te laisse pas abattre, je t'en supplie; pense à nos enfants, qui ont besoin de toi.

Peut-être arriverai-je à résister pour être à hauteur de toi. Ce ne sont pas les souffrances physiques que je crains; celles-ci n'ont jamais pu m'abattre, elles glissent sur ma peau. Mais c'est cette torture morale de savoir mon nom traîné dans la boue, le nom d'un innocent, le nom d'un homme d'honneur. Crie-le bien haut, ma chérie; criez tous que je suis un innocent, victime d'une fatalité épouvantable.

Arriverons-nous à découvrir le véritable coupable? Espérons-le, car ce serait à désespérer de tout.

J'espère te voir bientôt, et c'est ce qui me console. Toute la journée, toute la nuit, mes pensées vont vers toi, vers vous tous. Je pense au bonheur dont nous jouissions et je me demande encore par quelle fatalité inexplicable il s'est brisé ainsi.

C'est le drame le plus effroyable qu'il m'ait été donné de lire, et celui-ci est vécu, malheureusement.

Enfin, soigne-toi bien, ma chérie, il te faut toute ta santé, toute ta vigueur physique, si tu veux mener à bien la tâche que tu as entreprise si noblement.

Je t'embrasse, ainsi que mes pauvres chéris, auxquels je n'ose pas penser.

Mille baisers,
ALFRED.

---

26 Décembre 1894.
(Mercredi, quatre heures.)

Ma chérie,

Tu me demandes ce que je fais toute la journée. Je pense à toi, je pense à vous tous. Si cette pensée consolante ne me soutenait pas, si je ne sentais pas, à travers les murs épais de ma prison, le souffle puissant de votre sympathie, je crois que je me laisserais aller et que le désespoir entrerait dans mon âme. C'est ton amour, c'est votre affection à tous, qui me donnent le courage de vivre.

Me Demange vient de venir; il est resté quelques instants avec moi. Sa foi en moi est complète et absolue; c'est ce qui me donne également du courage.

Ce ne sont pas les souffrances physiques qui m'effraient; je suis de taille à les supporter. Mais cette torture morale continuelle, ce mépris qui va me poursuivre partout, moi si fier, si sûr de mon honneur, c'est cela que je trouve terrible et épouvantable.

Enfin, ma chérie, je ne veux pas te torturer plus l'âme. Ton chagrin est déjà assez grand.

Je t'embrasse bien fort,

ALFRED.

Mercredi, dix heures du soir.

Je ne dors pas et c'est vers toi que je reviens encore. Suis-je donc marqué d'un sceau fatal, pour être abreuvé de tant d'amertume? Je suis calme en ce moment; mon âme est forte et s'élève dans le silence de la nuit. Comme nous étions heureux, ma chérie! Tout nous souriait dans la vie : fortune, amour, enfants adorables, famille unie, tout enfin; puis ce coup de foudre épouvantable, effroyable. Achète, je te prie, des jouets aux enfants pour leur jour de l'an; dis-leur qu'ils viennent de leur père; il ne faut pas que ces pauvres âmes qui entrent dans la vie souffrent déjà de nos peines.

Ah! ma chérie, si je ne t'avais, comme je quitterais la vie avec délices! Ton amour me retient, lui seul me permet de supporter la haine de tout un peuple.

Et ce peuple a raison : on lui a dit que j'étais un traître. Ah! ce mot horrible de traître, comme il m'arrache le cœur!

Moi... traître! Est-il possible qu'on ait pu m'accuser et me condamner pour un crime aussi monstrueux!

Criez bien haut mon innocence; criez de toutes les forces de vos poumons; criez-le sur tous les toits, afin que les murs s'ébranlent.

Et cherchez le coupable, c'est celui-là qu'il nous faudrait.

Je t'embrasse comme je t'aime,

ALFRED.

---

27 Décembre 1894.
(Jeudi, six heures du soir.)

Ma chère Lucie,

Ton héroïsme me gagne; fort de ton amour, fort de ma conscience et de l'appui inébranlable que je trouve dans nos deux familles, je sens mon courage renaître.

Je lutterai donc jusqu'à mon dernier souffle, je lutterai jusqu'à ma dernière goutte de sang.

Il n'est pas possible que la lumière ne se fasse pas quelque jour; sentant ton cœur battre près du mien, je supporterai tous les martyres, toutes les humiliations, sans courber la tête. Ta pensée, ma chérie, me donnera les forces nécessaires.

Décidément, ma chère adorée, les femmes sont supérieures à nous; parmi elles, tu es une des plus belles et des plus nobles figures que je connaisse.

Je t'aimais profondément, tu le sais; aujourd'hui, je fais plus, je t'admire et te vénère. Tu es une sainte, tu es une noble femme. Je suis fier de toi et essaierai d'être digne de toi.

Oui, ce serait une lâcheté que de déserter la vie; ce serait mon nom, celui de mes chers enfants souillé et avili à jamais. Je le sens aujourd'hui; mais, que veux-tu, le coup était trop cruel et mon courage avait sombré; c'est toi qui l'as relevé.

Ton âme fait tressaillir la mienne.

Donc, nous appuyant l'un sur l'autre, fiers de nous, avec notre volonté, nous arriverons à réhabiliter notre nom; nous réhabiliterons notre honneur, qui n'a jamais failli.

Je t'embrasse comme je t'aime,

ALFRED.

Jeudi, onze heures du soir.

J'espérais presque recevoir encore un mot de toi ce soir. Si tu savais avec quel bonheur je reçois tes lettres, avec quelle ivresse je les lis et les relis toute la journée!

Bonsoir, bonne nuit, ma chérie.

Nous vivrons encore l'un pour l'autre.

Le 28 décembre 1894.
(Vendredi, 10 heures matin.)

Ma chère Lucie,

J'ai reçu ta bonne lettre datée d'hier à midi. Tu as raison, il faut que je vive, il faut que je vive pour toi, pour nos chers enfants dont il faut que je réhabilite le nom. Quelles que soient les épouvantables tortures morales que je vais éprouver, il faut que je résiste. Je n'ai pas le droit de déserter mon poste.

Si j'étais seul en cause, je n'hésiterais pas; mais ton nom, le nom de ma famille, tout est atteint. Il faut donc s'armer de courage pour la lutte : à force d'énergie, de volonté, nous triompherons. On finira bien par parler. Appuyé sur ton inébranlable courage, nous réussirons.

Écris-moi souvent. Relayez-vous tour à tour. Chacune de vos lettres me soulage ; il me semble que je t'entends parler, que j'entends parler tes chers parents.

Je t'embrasse ainsi que toute ta chère famille.
Mille bons baisers aux enfants.

ALFRED.

Vendredi, midi.

Je reçois ta lettre datée de jeudi soir, ainsi que les quelques bons mots de Pierrot. Embrasse bien ce chéri pour moi, embrasse bien Jeanne. Oui, il faut que je vive, il faut que je rassemble toute mon énergie pour laver la tache qui pèse sur la tête de mes enfants. Je serais lâche si je désertais mon poste. Je vivrai, je le veux.

Je t'embrasse,

ALFRED.

Lundi, 31 décembre.

Ma chère Lucie,

J'ai aussi longuement pensé hier au soir à mon père, à toute ma famille ; je ne te cacherai pas que j'ai beaucoup pleuré. Mais ces larmes m'ont soulagé. Notre consolation, c'est l'affection profonde qui nous lie tous, c'est l'affection que je rencontre aussi chez les tiens.

Il est impossible, avec ce faisceau si puissant, avec l'aide de Mᵉ Demange qui se montre aussi d'un dévouement remarquable, que nous n'arrivions pas tôt ou tard à la découverte de la vérité. J'avais eu tort de vouloir déserter la vie, je n'en ai pas le droit. Je lutterai jusqu'à mon dernier souffle. Dans ces longues journées et ces tristes nuits, mon âme s'épure et se fortifie. Mon devoir est nettement tracé : il faut que je laisse à mes enfants un nom pur et sans tache.

Travaillons à cela, ma chérie, sans trêve ni repos. Aucune démarche, aucune tentative ne doit vous rebuter, il faut tout tenter.

Les livres de M. Bayles que tu m'as envoyés sont suffisants pour le moment ; plus tard il me faudra un ouvrage présentant exercices et corrigés en face, afin que je puisse travailler moi-même.

Pour le moment, il faut que je rassemble toutes mes forces pour supporter l'horrible humiliation qui m'attend.

Mais ne vous relâchez pas un seul instant. Vous pourrez peut-être tâter un terrain dont j'ai parlé ce soir à Mᵉ Demange ; il ne faut rien négliger et tout essayer.

Je t'embrasse comme je t'aime,   Alfred.

Bons baisers aux chéris. Je n'ose rien te souhaiter pour le jour de l'an; cette fête ne s'accorde pas avec nos malheurs actuels.

J'ai même oublié de souhaiter la fête à ta mère pour son anniversaire de naissance; répare, je te prie, cet oubli bien excusable dans ces tristes circonstances.

Je pense que tu auras donné des jouets aux enfants de la part de leur père. Il ne faut pas que ces jeunes âmes souffrent déjà de nos douleurs.

J'ai reçu l'encrier. Merci.

---

5 heures, soir.

Le pourvoi est rejeté, comme il fallait s'y attendre. On vient de me le signifier. Demande de suite la permission de me voir.

Envoie-moi ce que je t'ai demandé, c'est-à-dire sabre, ceinturon et valise d'effets. Le supplice cruel et horrible approche, je vais l'affronter avec la dignité d'une conscience pure et tranquille. Te dire que je ne souffrirai pas, ce serait mentir, mais je n'aurai pas de défaillance.

Continuez de votre côté, sans trêve ni repos.

1er janvier 1895.

Ma chérie

Il n'est plus dimanche, il va être lundi.

En effet, minuit sonne au moment précis où j'allume ma bougie. Je ne puis dormir; je préfère dès lors me lever que de m'agiter dans mon lit, et quelle plus délicieuse occupation que de venir causer avec toi.

Il me semble ainsi que tu es près de moi, comme dans ces bonnes soirées d'heureuse mémoire, pendant lesquelles tu travaillais à mes côtés, alors que moi-même j'étais assis à mon bureau.

Espérons que ce bonheur luira de nouveau pour nous. Il est impossible que la vérité ne se fasse pas jour. Je connais le caractère énergique de Mathieu; j'ai pu apprécier le tien, ton profond dévouement, je dirais même ton héroïsme; aussi je ne doute plus du succès de vos recherches.

Vous avez raison d'agir avec calme, avec méthode, pour aboutir plus sûrement.

D'ailleurs, j'espère causer bientôt de tout cela avec toi.

C'est à partir de maintenant que le calvaire va devenir douloureux. D'abord cette cérémonie humiliante, puis les souffrances qui suivront. Je les supporterai avec calme, avec dignité, tu peux en être assurée.

Te dire que je n'ai pas parfois des mouvements de révolte violente, ce serait mentir; l'injustice est par trop criante; mais j'ai foi en l'avenir et j'espère avoir ma revanche.

Je me plais alors à penser que je n'aurai plus d'autre souci que d'assurer mon bonheur, celui de nos chers enfants.

J'ai reçu une charmante lettre de Marie, à laquelle je répondrai un de ces jours.

Bon courage toujours, ma chérie, soigne bien ta santé, car tu auras besoin de toutes tes forces. Il ne faudra pas qu'elles te trahissent au moment décisif.

Bonsoir et bonne nuit.

Je t'embrasse comme je t'aime,   ALFRED.

Mardi, 1er janvier 1895.

Ma chérie,

Je n'ai pas reçu de lettre de toi ce matin; cela me manque. J'en ai reçu plusieurs autres, il est vrai, mais oserai-je te dire que ce n'est pas la même chose?

Hier, en me quittant, Me Demange espérait venir passer aujourd'hui quelques heures avec moi; mais hélas! peu après son départ, on me signifiait de suite le rejet de mon pourvoi, ce qui lui fermait dès lors la porte. Il a dû en être prévenu ce matin. Aussi, passerai-je ma journée tout seul.

Quel triste jour de l'an, ma chérie! Mais n'insistons pas sur un pareil sujet; rien ne sert de pleurer et de gémir, cela n'ouvrira pas les portes de ma prison. Il faut, au contraire, conserver toute notre énergie physique et morale et ne pas arrêter un seul instant de lutter, de chercher à déchiffrer l'énigme. Que rien ne vous rebute, ne perdez jamais l'espoir. Tendez vos filets de tous côtés, le coupable finira bien par s'y faire prendre.

As-tu reçu une réponse au sujet de ta demande? J'attends maintenant avec impatience le moment de te serrer dans mes bras.

As-tu acheté des jouets aux enfants? Ont-ils été contents? Je ne pense qu'à toi et à eux, je ne vis que dans cette pensée de voir un jour cet épouvantable cauchemar s'évanouir. Il me semble impossible qu'il en soit autrement; nous y aiderons d'ailleurs, je te le promets.

Je t'embrasse comme je t'aime,

ALFRED.

Lundi 2 janvier 1895, 11 heures du soir.

Ma chérie,

Une nouvelle année va bientôt commencer! Que nous réserve-t-elle ? Espérons qu'elle sera meilleure que celle qui vient de finir, autrement la mort serait préférable. Dans cette nuit calme et profonde qui m'entoure, je pense à vous tous, à toi, à nos chers enfants. Quel coup épouvantable du sort, immérité et cruel !

Laisse-moi m'épancher un peu, pleurer à mon aise dans tes bras. Ne crois pas pour cela que mon courage faiblisse; je t'ai promis de vivre, je tiendrai ma parole. Mais il faut que je sente constamment ton âme vibrer près de la mienne, il faut que je me sente soutenu par ton amour.

Il nous faut du courage, il nous faut une énergie presque surhumaine. Quant à moi, je ne puis que rassembler mes forces pour supporter encore toutes les tortures qui m'attendent.

Bonsoir et baisers,

ALFRED.

Jeudi midi.

Ma chérie,

On m'apprend que l'humiliation suprême est pour après demain. Je m'y attendais, j'y étais préparé, le coup a cependant été violent. Je résisterai, je te l'ai promis. Je puiserai les forces qui me sont encore nécessaires dans ton amour, dans l'affection de vous tous, dans le souvenir de mes enfants chéris, dans l'espoir suprême que la vérité se fera jour. Mais il faut que je sente votre affection à tous rayonner autour de moi, il faut que je vous sente lutter avec moi. Continuez donc vos recherches sans trêve ni repos.

J'espère te voir tout à l'heure et puiser des forces dans tes yeux. Soutenons-nous mutuellement envers et contre tous.

Il me faut ton amour pour vivre, sans cela le grand ressort serait cassé.

Moi parti, persuade bien à tout le monde qu'il ne faut pas s'arrêter.

Fais faire de suite les démarches nécessaires pour que tu puisses me voir dès samedi et les jours suivants à la prison de la Santé; c'est là surtout qu'il faut que je me sente soutenu.

Informe-toi aussi de ce que je t'ai dit hier, époque de mon départ, de mon transport, etc.

Il faut être préparé à tout et ne pas se laisser surprendre.

A tout à l'heure chérie, je t'embrasse,

ALFRED.

4 heures 1/4.

Depuis qu'il est quatre heures, mon cœur bat à se rompre. Tu n'es pas encore là, ma chérie; les secondes me paraissent des heures. Mon oreille est tendue pour écouter si quelqu'un vient me chercher, je n'entends rien... j'attends toujours.

5 heures.

Je suis plus calme, ta vue m'a fait du bien.

Le plaisir de t'embrasser pleinement et entièrement m'a fait un bien immense.

Je ne pouvais attendre ce moment. Merci de la

joie que tu m'as donnée. Comme je t'aime, ma bonne chérie! Enfin, espérons que tout cela aura une fin. Il faut que je conserve toute mon énergie.

Encore mille baisers, ma chérie,

ALFRED

Jeudi, 11 heures soir.

Ma chérie,

Les nuits sont longues; c'est vers toi que je me retourne, c'est dans ton regard que je puise toutes mes forces, c'est dans ton amour profond que je trouve le courage de vivre. Non pas que la lutte me fasse peur, mais vraiment le sort m'est trop cruel. Peut-on imaginer une situation plus épouvantable, plus tragique pour un innocent? Peut-on imaginer un martyre plus douloureux?

Heureusement que j'ai l'affection profonde dont toutes nos familles m'entourent, que j'ai enfin ton amour qui me paie de toutes mes souffrances.

Pardonne-moi, si je gémis parfois; ne crois point pour cela que mon âme soit moins vaillante, mais ces cris même me font du bien et à qui les ferais-je entendre si ce n'est à toi, ma chère femme?

Mille bons baisers pour toi et les petits,

ALFRED.

Mercredi, 5 heures.

Ma chérie,

Je veux encore t'écrire ces quelques mots pour que tu les trouves demain matin à ton réveil.

Notre conversation, même à travers les barreaux

de la prison, m'a fait du bien. Je tremblais sur mes jambes en descendant, mais je me suis raidi pour ne pas tomber par terre d'émotion. A l'heure qu'il est, ma main n'est pas encore bien assurée : cette entrevue m'a violemment secoué. Si je n'ai pas insisté pour que tu restes plus longtemps, c'est que j'étais à bout de forces ; j'avais besoin d'aller me cacher pour pleurer un peu. Ne crois pas pour cela que mon âme soit moins vaillante ni moins forte, mais le corps est un peu affaibli par trois mois de prison, sans avoir respiré l'air du dehors. Il a fallu que j'aie une robuste constitution pour pouvoir résister à toutes ces tortures.

Ce qui m'a fait le plus de bien, c'est de te sentir si courageuse et si vaillante, si pleine d'affection pour moi. Continue, ma chère femme, imposons le respect au monde par notre attitude et notre courage. Quant à moi, tu as dû sentir que j'étais décidé à tout ; je veux mon honneur et je l'aurai ; aucun obstacle ne m'arrêtera.

Remercie bien tout le monde, remercie de ma part Mᵉ Demange de tout ce qu'il a fait pour un innocent. Dis-lui toute la gratitude que j'ai pour lui, j'ai été incapable de l'exprimer moi-même. Dis-lui que je compte sur lui dans cette lutte pour mon honneur.

Embrasse les bébés pour moi. Mille baisers,

ALFRED.

Le parloir est occupé demain *jeudi* entre une heure et quatre heures. Il faudrait donc que tu viennes, soit le matin entre dix et onze heures, soit le soir à quatre heures.

Ceci n'a lieu que les jeudis et dimanches.

Janvier 1895

PRISON DE LA SANTÉ

Prison de la Santé, samedi 5 janvier 1895.

Ma chérie,

Te dire ce que j'ai souffert aujourd'hui, je ne le veux pas, ton chagrin est déjà assez grand pour que je ne vienne pas encore l'augmenter.

En te promettant de vivre, en te promettant de résister jusqu'à la réhabilitation de mon nom, je t'ai fait le plus grand sacrifice qu'un homme de cœur, qu'un honnête homme, auquel on vient d'arracher son honneur, puisse faire. Pourvu, mon Dieu, que mes forces physiques ne m'abandonnent pas! Le moral tient, ma conscience qui ne me reproche rien me soutient, mais je commence à être à bout de patience et de forces. Avoir consacré toute sa vie à l'honneur, n'avoir jamais démérité et me voir où je suis, après avoir subi l'affront le plus sanglant qu'on puisse infliger à un soldat!...

Donc, ma chérie, faites tout au monde pour trouver le véritable coupable, ne vous ralentissez pas un seul instant, c'est mon seul espoir dans le malheur épouvantable qui me poursuit. Pourvu que je sois bientôt là-bas et que nous soyons bientôt réunis! Tu me redonneras des forces et du courage, j'en ai besoin. Les émotions d'aujourd'hui m'ont brisé le cœur, ma cellule ne me procure aucune consolation.

Figure-toi une petite pièce toute nue, de 4 m. 20 peut-être, fermée par une lucarne grillée... un lit replié contre le mur, etc., non, je ne veux pas t'arracher le cœur, ma pauvre chérie.

Je te raconterai plus tard, quand nous serons de nouveau heureux, ce que j'ai souffert aujourd'hui, combien de fois, au milieu de ces nombreuses pérégrinations parmi de vrais coupables, mon cœur a saigné. Je me demandais ce que je faisais là, pourquoi j'étais là... il me semblait que j'étais le jouet d'une hallucination; mais, hélas, mes vêtements déchirés, souillés, me rappelaient brutalement à la vérité, des regards de mépris qu'on me jetait me disaient trop clairement pourquoi j'étais là.

Ah! hélas, pourquoi ne peut-on pas ouvrir avec un scapel le cœur des gens et y lire! Tous les braves gens qui me voyaient passer y auraient lu, gravé en lettres d'or : « Cet homme est un homme d'honneur. » Mais comme je les comprends! À leur place je n'aurais pas non plus pu contenir mon mépris à la vue d'un officier qu'on leur dit être traître... Mais hélas, c'est là ce qu'il y a de tragique, c'est que ce traître, ce n'est pas moi!

Écrivez-moi vite tous, faites tout au monde pour que je vous voie bien vite, car mes forces m'abandonneront, et il me faut du soutien, fais enfin que nous soyons réunis le plus tôt possible et que je retrouve dans ton cœur les forces qui me sont nécessaires.

Je t'embrasse comme je t'aime,

(Samedi, après-midi). **ALFRED.**

Janvier 1895, samedi 6 heures.

Dans ma sombre cellule, dans les tortures de mon âme qui se refuse à comprendre pourquoi je souffre ainsi, pour quelle cause enfin Dieu me punit ainsi, c'est toujours vers toi qui, je reviens, ma chère femme, c'est vers toi qui, dans ces tristes et terribles circonstances, a été pour moi d'un dévouement sans bornes, d'une affection sans limites.

Tu as été et tu es sublime; dans mes moments de faiblesse, j'ai honte de ne pas être à la hauteur de ton héroïsme. Mais ce chagrin finit par ronger les âmes les mieux trempées, le chagrin de voir tant d'efforts, tant d'années d'honneur, de dévouement à son pays, perdues par une machination qui procède bien plus du fantastique que du réel. A certains moments je ne puis y croire; mais ces moments, hélas, sont rares ici, car soumis au régime cellulaire le plus strict, tout me ramène à la sombre réalité.

Continue à me soutenir de ton profond amour, ma chérie, aide-moi dans cette lutte épouvantable pour mon honneur, que je sente ta belle âme vibrer près de la mienne.

Quand pourrai-je te voir?

J'ai cependant besoin d'affection et de consolation dans ma triste infortune.

Hélas, j'ai bien l'âme courageuse du soldat, je me demande si j'ai l'âme héroïque du martyr!

Mille bons baisers pour toi, pour nos chéris!

Que ces derniers soient ta consolation.

A. DREYFUS.

Ecrivez-moi souvent et beaucoup. Songez qu'ici je suis seul du matin au soir et du soir au matin; pas une âme sympathique ne vient adoucir mon sombre chagrin. Aussi me tarde-t-il d'être là-bas avec toi, ma chérie, et d'attendre dans la paix et la tranquillité que l'on me réhabilite, qu'on me rende mon honneur.

---

5 janvier 1895, samedi 7 heures, soir.

Je viens d'avoir un moment de détente terrible, des pleurs entremêlés de sanglots, tout le corps secoué par la fièvre. C'est la réaction des horribles tortures de la journée, elle devait fatalement arriver; mais, hélas, au lieu de pouvoir sangloter dans tes bras, au lieu de pouvoir m'appuyer sur toi, mes sanglots ont résonné dans le vide de ma prison.

C'est fini, haut les cœurs! Je concentre toute mon énergie. Fort de ma conscience pure et sans tache, je me dois à ma famille, je me dois à mon nom. Je n'ai pas le droit de déserter tant qu'il me restera un souffle de vie; je lutterai avec l'espoir prochain de voir la lumière se faire. Donc, poursuivez vos recherches. Quant à moi, la seule chose que je demande, c'est de partir au plus vite, de te retrouver là bas, de nous installer, pendant que nos amis, nos familles, s'occuperont ici de rechercher le véritable coupable, afin que nous puissions un jour rentrer dans notre chère patrie, en martyrs qui ont supporté la plus terrible, la plus émouvante des épreuves.

Samedi, 7 heures et demie.

C'est l'heure à laquelle il faut se coucher. Que vais-je devenir? Que vais-je faire dans mon lit qui se compose d'une paillasse portée par des tringles de fer ? Les souffrances physiques ne sont rien, tu sais que je ne les crains pas, mais mes tortures morales sont loin d'être finies. O ma chérie, qu'ai-je fait le jour ou je t'ai promis de vivre! Je croyais vraiment avoir l'âme plus forte. Etre résigné toujours quant on est innocent, c'est facile à dire, mais dur à digérer.

Ecris-moi bien vite, ma chérie, tâche de me voir, j'ai besoin de puiser de nouvelles forces dans tes yeux chéris.

Mille bons baisers, ALFRED.

---

6 Janvier 1895, dimanche 5 heures.

Pardon, mon adorée, si dans mes lettres d'hier j'ai exhalé ma douleur, étalé ma torture. Il fallait bien que je les confie à quelqu'un! Quel cœur est plus préparé que le tien à recevoir le trop-plein du mien! C'est ton amour qui m'a donné le courage de vivre; il faut que je le sente vibrer près du mien. Montrons que nous sommes dignes l'un de l'autre, que tu es une femme noble et sublime.

Courage donc, ma chérie. Ne pense pas trop à moi, tu as d'autres devoirs à remplir. Tu te dois à nos chers enfants, à notre nom qu'il faut réhabiliter. Pense donc à toutes les nobles missions qui t'incombent; elles sont lourdes, mais je te sais capable de les entreprendre à condition de ne pas te laisser abattre, à condition de conserver tes forces.

Il faut donc lutter contre toi-même, rassembler toute ton énergie et ne penser qu'à tes devoirs.

Quant à moi, ma chérie, tu sais si j'ai beaucoup souffert hier; plus encore que tu ne peux te l'imaginer. Je te raconterai cela quelque jour, quand nous serons de nouveau réunis et heureux.

Pour le moment, je ne souhaite qu'une chose. Puisque je vous suis inutile ici, que, d'autre part, les recherches pour trouver le coupable seront, je le crains, longues et minutieuses, c'est d'être envoyé le plus tôt possible et dans les meilleures conditions possibles là-bas, et d'y attendre avec toi que les recherches combinées de toutes nos familles aient abouti. Le régime cellulaire m'épuise beaucoup et je ne demande qu'une chose : c'est d'être expédié au plus tôt là-bas.

J'étais très navré ce matin de n'avoir pas encore reçu de lettres. A deux heures, heureusement, M. le Directeur de la prison est venu m'apporter un paquet de bonnes lettres qui m'a bien fait plaisir; elles ont été le rayon de joie de ma triste cellule.

Veux-tu être assez bonne pour m'envoyer une couverture de voyage; il fait, en effet, très froid dans nos cellules.

Tâche d'obtenir le plus tôt possible la permission de me voir.

Je t'embrasse mille fois, ALFRED.

Bons baisers à ces pauvres chéris!

---

7 heures du soir.

Mon Dieu! que mon âme est triste. Qu'ai-je donc fait dans la vie pour être puni ainsi? Le misérable qui a commis ce crime de trahir et de me perdre, mérite, s'il y a un Dieu, un châtiment épouvantable. Il mérite d'être puni dans tous les siens. Au nom de mes pauvres enfants, je le maudis.

7 janvier 1895, lundi, 5 heures du soir.

Ma chérie,

J'ai supporté pour toi, mon adorée, pour le nom que portent mes chers enfants, le plus douloureux, le plus épouvantable des calvaires pour un cœur pur et honnête. Je me demande comment je vis encore ; ce qui me soutient, c'est surtout l'espoir d'être bientôt réuni à toi là-bas. Alors, quoique innocent, mais soutenu par ton profond amour, j'aurai la patience d'attendre dans l'exil la réhabilitation de mon nom. Puis je travaillerai, je m'occuperai, j'imposerai silence à mon cerveau et à mon cœur par les fatigues physiques. Mais, dans ma prison, je ne saurai vivre, car ma pensée me ramène toujours fatalement à ma situation.

On ne m'as pas remis de lettre de toi aujourd'hui ; ne t'inquiète pas non plus, ma chérie, si mes lettres ne te parviennent pas régulièrement. Cependant je t'écrirai tout les jours, tant que cela me sera permis.

J'ai été prévenu que je pourrai te voir le lundi et le vendredi. Hélas ! le lundi est passé et je suis obligé d'attendre jusqu'au vendredi. J'attendrai avec une joie extrême le moment de t'embrasser, de me jeter dans tes bras ; c'est dans tes yeux, dans ton noble cœur, que je puise les forces nécessaires pour supporter mes effroyables tortures morales.

J'aimerais presque mieux avoir quelque péché sur la conscience ; au moins aurais-je quelque chose à expier. Mais hélas ! tu sais, ma chérie, combien ma vie a toujours été honnête et droite.

Je ferai tout pour vivre, je ferai tout pour résister

jusqu'au moment suprême où l'on me rendra l'honneur de mon nom.

Mais je supporterai bien mieux cette attente quand tu seras là, dans l'exil, près de moi.

Alors tous deux, fiers et dignes l'un de l'autre, nous montrerons dans l'exil le calme de deux cœurs honnêtes et purs, de deux cœurs dont toutes les pensées ont toujours été pour notre chère patrie, pour la France.

Bons baisers à ces pauvres chéris. Baisers à tout le monde.

Je t'embrasse comme je t'aime,

ALFRED.

Le 8 janvier 1895, mardi, 6 heures soir.

Ma chérie,

On m'as remis aujourd'hui tes lettres de dimanche, ainsi que celles qui m'ont été adressées par R., H. et A.

Remercie tout le monde, donne-leur de mes nouvelles, prie-les de m'écrire. Mais dis-leur qu'il m'est impossible de leur répondre à tous. Non pas que le temps me manque pour cela, hélas! mais je ne veux pas abuser du temps et de l'obligeance de M. le directeur de la prison qui est obligé de lire toutes mes lettres.

Je suis relativement fort, en ce sens que je vis d'espoir. Mais je crois qu'il ne faudrait cependant pas que cette situation se prolongeât encore longtemps.

J'ai, et c'est facile à concevoir, des moments de révolte violente contre l'injustice du sort; il est, en effet, terrible de souffrir comme moi, depuis tantôt trois mois, pour un crime dont je suis innocent. Mon cerveau, après toutes ces secousses, a de vrais moments d'égarement.

J'espérais voir M⁰ Demange ce soir et le prier de faire auprès de qui de droit, et dans les conditions que je voulais lui indiquer, les démarches nécessaires pour que je sois envoyé en exil avec toi, en attendant que la lumière se fasse. A ce dernier point de vue, j'ai grand espoir; tous mes efforts ne peuvent qu'aboutir; mais il me faudrait de l'air, un grand travail physique, ta société chérie pour rétablir mon cerveau ébranlé par tant de secousses, auxquelles, grand Dieu! je ne m'attendais guère.

Prie donc M⁰ Demange, qui a obtenu l'autorisation de me voir, de venir le plus tôt possible, afin que je lui explique la grâce que demande un innocent, en attendant que justice entière lui soit rendue.

Tu me demandes aussi, ma chérie, ce que je fais du matin au soir, et du soir au matin. Je ne veux pas te communiquer mes tristes réflexions, ta douleur est déjà assez grande, et il est inutile de l'augmenter encore. Ce que je t'ai dit plus haut suffit pour te faire comprendre ce que je désire en ce moment : l'exil en plein air avec toi, en attendant la réhabilitation.

Quant au reste, je te le raconterai plus tard, quand nous serons réunis et heureux.

Je te confierai cependant une chose, c'est que dans mes plus tristes moments, dans mes moments de crise violente, une étoile vient tout à coup briller dans mon cerveau et me sourire. C'est ton image, ma chérie, c'est ton image adorée, que j'espère revoir bientôt et auprès de laquelle j'attendrai patiemment qu'on me rende ce que j'ai de plus cher en ce monde, mon honneur, mon honneur qui n'a jamais failli.

Embrasse tout le monde pour moi. Baisers aux chéris.

Je t'embrasse mille fois,

ALFRED.

Comme j'attends vendredi avec impatience! Quel dommage que tu ne sois pas venue aujourd'hui à une heure autre que celle du déjeuner du Directeur; peut-être t'aurait-on permis de m'embrasser.

Mardi, 7 heures du soir.

On vient de me remettre tout un paquet de lettres — de Jeanmaire, de ton père, de Louise, les tiennes. Merci à tout le monde. Elles m'ont fait pleurer, mais ont détendu mon âme ulcérée.

Réponds à tout le monde pour moi.

---

9 Janvier 1895, mercredi 5 heures.

Ma bonne chérie,

Je reçois également tes lettres avec un grand retard. Ainsi on me remet seulement ta lettre de mardi matin; il y était joint de nombreuses lettres de toute la famille. Que veux-tu, ma chérie, il faut nous incliner et souffrir en silence.

Vraiment, quand j'y pense encore, je me demande comment j'ai pu avoir le courage de te promettre de vivre après ma condamnation. Cette journée de samedi reste dans mon esprit gravée en lettres de feu. J'ai le courage du soldat qui affronte le danger en face, mais hélas! aurai je l'âme du martyr?

Mais sois tranquille, ma chérie, je m'efforcerai de vivre et de résister jusqu'à ma réhabilitation.

J'ai supporté sans défaillir le supplice le plus sanglant qu'on puisse imposer à un homme de cœur qui n'a rien à se reprocher. Mon cœur a saigné, il saigne encore, il ne vit qu'avec l'espoir qu'on lui rendra un jour ses galons, qu'il a noblement gagnés et qu'il n'a jamais souillés.

Et d'ailleurs, quelles que soient les souffrances qui m'attendent encore, mon cœur me commande de vivre! Il faut que je résiste pour le nom que portent nos chers enfants, pour le nom de toute la famille.

Mais que le devoir est parfois dur à remplir!

Te parler de ma vie ici — à quoi bon t'attrister, ma chérie? Ton chagrin est déjà assez grand pour ne pas l'augmenter encore par mes doléances.

Je vis d'espoir, ma bonne chérie; je vis dans la conviction qu'il est impossible que la vérité ne se fasse pas jour, que mon innocence ne soit pas reconnue et proclamée par cette chère France, ma patrie, à laquelle j'ai toujours apporté tout le concours de mon intelligence et de mes forces, à laquelle j'aurais voulu consacrer tout mon sang.

Il me faut de la patience, il faut que je la puise dans ton amour, dans l'affection de tous les nôtres, dans la conviction enfin de la réhabilitation.

Mille baisers aux chéris.

Je t'embrasse comme je t'aime,

ALFRED.

Ta lettre m'apprend qu'on a refusé à Mᵉ Demange l'autorisation de me voir. J'espère cependant qu'elle lui sera bientôt accordée.

Quant à toi, je compte les heures jusqu'à vendredi.

Merci des bonnes lettres que je reçois de tous Remercie-les de ma part et dis-leur que c'est une des meilleures heures de ma journée que celle qui se passe à lire ma correspondance. Mais je me sens incapable de leur répondre à tous. Je n'ai rien à leur dire, sinon que je suis résigné et que j'attends la découverte de la vérité.

Le 10 janvier 1895, 9 heures, matin.

Depuis ce matin 2 heures, je ne dors plus dans l'attente où je suis de te voir aujourd'hui. Il me semble que j'entends déjà ta voix chérie me parler de mes chers enfants, de nos chères familles... et si je pleure, je n'en ai pas honte, car le martyre que j'endure est vraiment cruel pour un innocent.

Quel est le monstre qui est venu jeter le malheur et le déshonneur dans une brave et honnête famille ? A celui-là, s'il y a réellement une justice sur cette terre, il n'y a pas de châtiments qu'on ne doive réserver, il n'y a pas de torture qu'on ne doive infliger un jour.

Mais mon courage ne faiblit pas. J'ai des minutes pénibles quand mon regard s'appesantit sur la situation présente. Mais je me réconforte en pensant à l'avenir; grâce à ton héroïque dévouement, à vos puissants efforts à tous, il est impossible que la vérité ne se fasse pas jour. D'ailleurs, il le faut, la volonté est un puissant levier.

A tout à l'heure, ma chérie, la joie de t'embrasser, de te serrer dans mes bras, je compte les minutes qui me séparent de cet heureux moment.

———

3 heures et demie.

Le moment est passé, ma chérie, si vite, si court, qu'il me semble que je ne t'ai pas dit la vingtième partie de ce que j'avais à te dire. Comme tu es héroïque, mon adorée, sublime d'abnégation et de dévouement! Je ne fais que t'admirer.

Devant ce concours dévoué de sympathies et d'efforts, je n'ai pas le droit de douter.

Je souffrirai donc en silence ; permets-moi cependant, quand la coupe débordera encore parfois, de m'épancher dans ton cœur.

Ce qui m'est cruel, et je ne le saurais répéter assez, ce ne sont pas les souffrances physiques que j'endure, mais bien cette atmosphère de mépris qui entoure mon nom, ton nom, mon adorée. Tu sais si j'ai toujours été fier et digne, si j'ai toujours mis le devoir au-dessus de tout... alors tu peux t'imaginer tout ce que je souffre.

Et c'est pourquoi encore je veux vivre, c'est pourquoi je veux crier au monde mon innocence, la crier chaque jour jusqu'à mon dernier souffle, jusqu'à ma dernière goutte de sang.

Je trouverai dans tes yeux le courage nécessaire au martyre, je puiserai dans le souvenir de mes enfants les forces nécessaires pour résister à mon calvaire.

Apporte-moi aussi ton portrait. Je le placerai entre ceux de nos chéris. En contemplant ces trois figures, j'y lirai chaque jour, à chaque instant, mon devoir.

Embrasse tout le monde de ma part.

Alfred DREYFUS.

Remercie ta sœur Alice de son excellente lettre qui m'a fait bien plaisir. Donne aussi de mes nouvelles à tous les membres de la famille auxquels je ne puis écrire. Dis-leur que leurs lettres sont toujours les bienvenues.

Je t'embrasse bien, bien fort.

ALFRED.

---

7 heures et demie, soir.

Je n'ai reçu aujourd'hui ni lettre de toi, ni lettre de personne. Ont-elles été arrêtées en route ? Quoi qu'il en soit, je n'ai pas eu aujourd'hui le seul rayon de soleil qui vienne égayer ma prison.

P.-S. — Au moment de me coucher, on me remet un paquet de lettres que je vais savourer avec délices.

Le 11 janvier 1895.
(Jeudi 5 heures, soir)

Ma chérie,

Merci de tes deux dernières lettres (l'une de mardi soir, l'autre, je pense, de mercredi matin), que l'on vient de me remettre.

Ecris-moi matin et soir; quoique je reçoive tes deux lettres en même temps, je te suis ainsi par la pensée, je te vois agir, il me semble que je vis auprès de toi.

Je m'occupe un peu à lire et à écrire, j'essaie ainsi d'éteindre les bouillonnements de mon cerveau et de ne plus penser à ma situation si triste et si imméritée.

Pardonne-moi, ma chère, si parfois je gémis... mais que veux-tu, il m'arrive, sous l'amertume des souvenirs, d'avoir besoin d'épancher dans ton cœur le trop plein du mien. Nous nous sommes toujours si bien compris, mon adorée, que je suis sûr que ton âme forte et généreuse palpite d'indignation avec la mienne.

Nous étions si heureux ! Tout nous souriait dans la vie. Te souviens-tu quand je te disais que nous n'avions rien à envier à personne ? Situation, fortune, amour réciproque de l'un pour l'autre, des enfants adorables... nous avions tout enfin.

Pas un nuage à l'horizon... puis un coup de foudre épouvantable, inattendu, si incroyable même, qu'aujourd'hui encore il me semble parfois que je suis le jouet d'un horrible cauchemar.

Je ne me plains pas de mes souffrances physiques, tu sais que celles-là je les méprise ; mais sentir planer sur son nom une accusation épouvantable, infâme, quand on est innocent... Ah ! cela non ! Et c'est pourquoi j'ai supporté toutes les tortures, tous les affronts, car je suis convaincu que tôt ou tard la vérité se découvrira et qu'on me rendra justice.

J'excuse très bien cette colère, cette rage de tout un noble peuple auquel on apprend qu'il y a un traître... mais je veux vivre, pour qu'il sache que ce traître ce n'est pas moi.

Soutenu par ton amour, par l'affection sans bornes de tous les nôtres, je vaincrai la fatalité. Je ne prétends pas que je n'aurai pas encore parfois des moments d'abattement, de désespoir même. Vraiment, pour ne pas se plaindre d'une erreur aussi monstrueuse, il faudrait une grandeur d'âme à laquelle je ne prétends pas. Mais mon cœur restera fort et vaillant.

Donc, du courage et de l'énergie, ma chérie. Il nous en faut à tous. Levez tous la tête, portez-la fière et haute, nous sommes des martyrs.

Je vivrai, mon adorée, parce que je veux que tu puisses continuer à porter mon nom comme tu l'as fait jusqu'à présent, avec honneur, avec joie et avec amour, parce qu'enfin je veux le transmettre intact à nos enfants.

Ne vous laissez donc pas abattre par l'adversité ni les uns ni les autres ; cherchez la vérité sans trêve ni repos.

Quant à moi, j'attendrai avec la force que donne une conscience pure et tranquille que l'on tire au clair cette mystérieuse et tragique affaire.

Tu sais d'ailleurs, ma chérie, que la seule grâce que j'aie jamais sollicitée, c'est la vérité. J'espère qu'on ne faillira pas à ce devoir qu'on doit à un être humain qui ne demande qu'une chose : c'est qu'on poursuive les recherches.

Et quand luira le jour de la réhabilitation, quand on me rendra mes galons que je suis aussi digne de porter aujourd'hui qu'hier, quand enfin je me verrai de nouveau à la tête de nos braves troupiers, oh !

alors, ma chérie, j'oublierai tout, souffrances, tortures et affronts sanglants.

Que Dieu et la justice humaine fassent que ce jour luise bientôt!

A demain, mon adorée, le plaisir de t'embrasser. Je compte dès maintenant les heures, demain je compterai les minutes. Je t'embrasse bien fort.

ALFRED.

Bons baisers à nos deux chéris. Je n'ose penser à eux. Parle-m'en. N'oublie pas de leur acheter les cadeaux promis en mon nom ; que ces jeunes âmes ne souffrent pas de nos tristesses.

Embrasse tout le monde à la maison pour moi.

Le 12 Janvier 1895.
(Samedi, 4 heures).

Comme la demi-heure d'hier a été courte; on prévoit à l'avance l'emploi de chaque minute, afin de ne rien oublier de ce que l'on veut se dire... Puis le temps s'écoule comme dans un rêve et on s'aperçoit tout d'un coup qu'on est à la fin de l'entrevue et qu'on ne s'est presque rien dit encore.

Comment deux êtres comme nous peuvent-ils être si cruellement éprouvés?

Te souviens-tu des projets charmants que nous avions ébauchés pour cet hiver? Nous devions enfin profiter un peu de notre liberté, aller vers cette époque, comme deux jeunes amoureux, nous promener au pays du soleil?... Ah! tout cela n'est pas possible, tout ce qui se passe est inhumain. S'il y a un Dieu, s'il y a une justice en ce monde, il faut espérer que la vérité éclatera bientôt et nous dédommagera de tout ce que nous avons souffert.

J'ai mis les photographies des enfants devant moi, sur la tablette de ma cellule. Quand je les regarde, les larmes mouillent mes paupières, mon cœur se fend... mais cela me fait en même temps du bien, raffermit mon courage. Apporte-moi aussi ta photographie. Vos trois figures devant les yeux seront les compagnons de ma triste solitude.

Ah! ma chère femme, tu as une noble mission à remplir, pour laquelle il te faut toute ton énergie. C'est pourquoi je te recommande instamment de soigner ta santé. Tes forces physiques te sont plus nécessaires que jamais. Tu te dois à tes enfants d'abord, au nom qu'ils portent ensuite. Il faut prouver au monde entier que ce nom est pur et sans tache.

Ah! cette lumière sur ma tragique affaire, comme je la souhaite, comme je l'attends, comme je voudrais l'acheter, non seulement au prix de toute ma fortune, cela est tout naturel, mais encore au prix de mon sang!

Si seulement je pouvais endormir mon cerveau, l'empêcher de penser toujours à cette énigme indéchiffrable pour lui! Je voudrais pouvoir percer les ténèbres qui enveloppent mon affaire; je voudrais gratter la terre pour en faire jaillir la lumière.

Tu me répondras avec juste raison qu'il faut prendre patience, qu'il faut du temps pour arriver à la découverte de la vérité... Je sais tout cela, hélas! Mais que veux-tu, les minutes sont pour moi des heures... Il me semble toujours qu'on va venir me dire : « Pardon, on s'est trompé, l'erreur est découverte. »

Maintenant, j'attends lundi. Dorénavant, les semaines ne se composeront plus que des deux jours où tu dois venir me rendre visite. Tu ne peux te figurer combien j'admire ton abnégation, ton héroïsme, combien je puise de courage dans ton amour si profond et si dévoué.

Remercie ta sœur Alice de son excellente lettre, qui m'a fait bien plaisir. Donne aussi de mes nouvelles à tous les membres de la famille, auxquels je ne puis écrire. Dis-leur que leurs lettres sont toujours les bienvenues.

Je t'embrasse bien, bien fort,

ALFRED.

Le 14 janvier 1895.
(Lundi, 9 heures du matin)

Enfin voici de nouveau le jour heureux où j'ai le plaisir de te voir, de t'embrasser, de recevoir des nouvelles verbales de vous tous. J'ai tant de choses à te dire... mais en te voyant, ne vais-je pas de nouveau, dans l'émotion qui me saisira, tout oublier?

Cette nuit, je ne me suis encore endormi qu'à 2 heures du matin. J'ai pensé à toi, à vous tous, à cette énigme épouvantable que je voudrais déchiffrer... J'ai roulé dans ma cervelle mille moyens plus violents, plus extravagants les uns que les autres à vous indiquer pour déchirer le voile derrière lequel s'abrite un monstre.

Que veux-tu, ma chérie, nuit et jour je ne pense qu'à cela ; mon esprit est constamment tendu vers ce but et je ne puis vous aider en rien. C'est le sentiment de mon impuissance qui me fait le plus souffrir.

J'essaie bien de lire, mais mes yeux seuls suivent les lignes, ma pensée est ailleurs.

A tout à l'heure, ma chérie, la joie de te voir.

Dans l'attente de ce moment, je tourne en rond dans ma cellule comme le lion dans sa cage.

---

1 heure.

Le temps passe lentement, les minutes sont des heures. Comment dépenser mon énergie, comment faire taire mon cœur! Parfois la patience m'échappe. Ce ne sont ni le courage ni l'énergie qui me font défaut, tu le sais bien...; d'ailleurs ma conscience me donne des forces surhumaines... mais c'est cette inactivité terrible, ce désir que j'aurais de vous aider pour poursuivre le but unique de ma vie, la découverte du misérable qui m'a volé mon honneur, voilà ce qui me brûle le sang. Ah, j'aimerais mieux monter tout seul à l'assaut de dix redoutes que d'être là, impuissant, inactif à attendre passivement que la vérité se découvre!

J'envie le casseur de pierres sur la grande route, absorbé dans son travail machinal.

A tout à l'heure, ma chérie. Tu me rendras de la patience.

---

3 heures.

Déjà, le temps a passé comme dans un rêve... J'avais cependant tant de choses à te dire... et puis quand je me vois en ta présence, je te regarde, je ne me souviens plus de rien... Tout ce qui m'arrive me paraît un rêve, il me semble que nous n'allons plus nous séparer, que je me réveille enfin d'un horrible cauchemar... Mais hélas, la réalité est là, c'est la séparation.

Ah le misérable qui a commis ce crime et nous dérobe notre honneur, ce n'est pas un châtiment ordinaire qu'il mérite... J'espère que le jour où on le découvrira enfin, l'opinion publique clouera son nom au pilori de l'histoire... que le supplice qu'on lui infligera sera au dessus de tout ce que l'on peut imaginer...

Je te demande pardon de mon énervement, de mon impatience. Mais comprends, ma chérie, ce que sont pour moi ces longues heures, ces longues journées !

Mais je suis cependant plus calme après chaque entrevue, je puise de nouvelles forces, une nouvelle dose de patience dans tes regards, dans ton amour

Ah, cette vérité, il nous la faut, brillante, claire et lumineuse ; je ne vis que pour cela, je ne vis que dans cet espoir.

Et cette vérité, comme tu me l'as si bien dit, il nous la faut entière, absolue... il faut qu'il ne subsiste de doute dans l'esprit de personne, il faut que mon innocence éclate complète, il faut que l'on reconnaisse que mon honneur est aussi haut placé que celui de qui que ce soit au monde.

Et pour cela évidemment, il faut que je prenne patience... je le reconnais avec toi... Mais le cœur a des raisons que la raison ne connaît pas ! Si je pouvais endormir mon cerveau jusqu'au jour ou l'on aura trouvé le coupable, je supporterais vaillamment et sans sourciller les tortures physiques... et puis songe à cette atmosphère qui va m'envelopper durant la route que j'ai encore à parcourir !

Enfin, faisons taire mon cœur. Je puise chaque fois de nouvelles forces, une nouvelle dose de patience dans ton regard.

Ne pense donc plus à mes souffrances. Tu ne peux les soulager qu'en agissant comme tu le fais, c'est-à-dire en cherchant le coupable sans trêve ni repos.

J'ai lu les quelques lignes de Pierrot dans la lettre de Marie. Merci beaucoup à tous deux, surtout à la main qui a dirigé celle de Pierrot.

Fais de nos chers enfants des êtres vigoureux et sains.

Je t'embrasse comme je t'aime,

ALFRED.

Le 15 janvier 1895.
(Mardi, 9 heures du matin)

Ma chérie,

J'ai beaucoup pensé cette nuit à ce que tu m'as dit hier en m'exhortant à la patience, en me faisant comprendre que rien ne se fait en un jour. Hélas, je le sais bien, mais je souffre précisément de mes qualités qui sont des défauts dans les circonstances actuelles. Homme d'action, je suis impatient de voir déchiffrer cette énigme qui me torture le cerveau.

Enfin, tu me comprends, ma chérie, puisque tu me connais si bien. Il est inutile que je retrace chaque jour les fièvres d'impatience qui me saisissent parfois, les accès de colère folle qui me secouent à certains moments...

J'ai reçu hier soir une bonne nouvelle. On m'a appris que je verrai ta mère aujourd'hui ; je m'en réjouis à l'avance.

---

5 heures 1/2.

J'ai vu quelques instants M⁰ Demange. Après lui, j'ai eu le plaisir de voir ta mère.

J'étais tellement énervé aujourd'hui que j'ai eu presque des faiblesses devant elle ; que veux-tu, parfois je redeviens un homme avec toutes ses faiblesses et toutes ses passions.

Avoue d'ailleurs qu'il y a dans ma situation de quoi abattre les plus forts.

Ah ! crois bien que si ce n'était pour toi, pour nos chers enfants, il me serait plus doux de mourir. Mais il faut que je me raidisse contre la douleur, il faut que je me dise que je supporterai tous les calvaires, tous les martyres, jusqu'au jour où mon innocence éclatera au grand jour.

Il est impossible qu'il en soit autrement.

Je résisterai jusqu'au bout, sois-en convaincue. Mais il m'échappera parfois encore des cris de colère, des cris de douleur.

Embrasse tout le monde, nos chéris pour moi.

Ton dévoué,

ALFRED,

---

7 heures.

Mon moment de faiblesse est passé. Je vois et je vis dans l'avenir. Courage donc tous, tôt ou tard l'innocence triomphera

Marchez sans faiblir dans la voie que vous vous êtes tracée, comme moi je suivrai sans défaillir mon chemin douloureux.

———

Le 16 Janvier 1895.
(Mercredi, 10 heures du matin).

Ma chérie,

Je suis arrivé à dompter mes nerfs, à faire taire les mouvements tumultueux de mon âme..., cela ne sert à rien d'ailleurs de s'impatienter, puisque je suis décidé à vivre pour voir éclater mon innocence.

Je sais qu'il faut pour cela du temps, même beaucoup de temps...; j'attendrai donc comme je te l'ai promis, avec calme et avec dignité, que la vérité se fasse jour; ma conscience me donnera les forces nécessaires.

Je préparerai mon âme à supporter sans se plaindre le calvaire qui m'attend encore, j'étoufferai les sanglots de mon cœur ulcéré.

J'ai perdu hier pendant quelques instants le sentiment de moi-même; pense que voilà trois mois que je suis enfermé dans une chambre, en proie aux tortures morales les plus épouvantables que l'on puisse infliger à un homme de cœur; mais d'un effort violent de tout mon être, je me suis ressaisi.

Ce sont mes nerfs surtout qui sont malades; mon énergie morale est telle qu'au premier jour.

Mais vous êtes tous unis de volonté, d'intelligence et de dévouement; j'ai donc la conviction que la lumière se fera tôt ou tard. Je ne démentirai pas vos efforts.

Ne parlons plus de cela.

Que te raconterai-je ? Ma vie journalière, tu la connais ! Je te l'ai décrite jusque dans ses moindres détails. Mes pensées ? elles sont toutes vers toi, vers nos chers enfants, vers nos chères familles.

Encore deux jours à attendre pour te voir et t'embrasser. Comme il est long l'intervalle qui sépare nos entrevues, et comme ces dernières sont courtes ! Je voudrais faire courir le temps quand tu n'es pas là, le faire durer une éternité quand tu es auprès de moi.

Comme tu me donnes du courage pour vivre, ma chérie; quelle patience je puise dans tes yeux, dans les souvenirs que tu me rappelles, dans mes devoirs vis à vis de nos bons chéris.

---

1 heure.

Je reçois à l'instant tes deux chères lettres de mardi. Tu as raison de me parler de nos chéris. Quoique cela m'arrache le cœur chaque fois que je pense à eux, leur gazouillement que tu me répètes réveille cependant en moi d'agréables et de touchants souvenirs. La foi me revient en des jours meilleurs.

Je suis absolument de ton avis quant à l'œuvre que vous poursuivez. Il faut du calme, du temps, de la persévérance pour arriver au but... Je le sais fort bien, j'agirais comme vous si j'étais à votre place, préférant aboutir sûrement plutôt que de tout perdre en agissant sans réflexion... Mais moi, hélas, je suis ici entre quatre murs, inactif, le sang brûlé, et ma façon de voir n'est forcément pas la même que la vôtre.

On m'apprend aussi que deux sœurs viendront me voir à deux heures. Quel bonheur de revoir les siens.

5 heures.

J'ai vu Louise et Rachel ; j'ai senti leurs cœurs palpiter avec le mien et partager mes souffrances. Leur foi en l'avenir est absolue ; j'espère comme elles.

Quel dévouement je rencontre dans nos merveilleuses familles, chez nos amis ! Cela console, du reste, de l'humanité. Vraiment on ne juge les gens que dans le malheur.

Je t'embrasse mille fois comme je t'aime.

Ton dévoué,

ALFRED.

C'est cette bonne Jeanne qui doit changer à vue d'œil. Devient-elle une belle fille comme son frère est un beau garçon ?

Le 17 janvier 1895.
(Jeudi, 9 heures).

Quel rôle ces maudits nerfs jouent dans la vie humaine !

Pourquoi ne peut-on pas dégager entièrement la personnalité matérielle de la personnalité morale, et faire ainsi que l'influence de l'une ne s'exerce pas sur l'autre ?

Ma personnalité morale est toujours aussi vaillante, aussi forte. Elle est résolue à aller jusqu'au bout, elle est décidée à tout. Il me faut en effet mon honneur qu'on m'a arraché sans que j'aie jamais failli.

Mais ma personnalité matérielle subit de rudes secousses ! Mes nerfs tendus à l'excès depuis près de trois mois me font parfois horriblement souffrir et je n'ai même pas la ressource de l'exercice physique violent pour les dompter. On doit cependant me donner aujourd'hui quelque médicament pour diminuer leur tension.

Ah ! Quand je pense à ceux qui m'ont accusé et fait condamner ! Que les remords les poursuivent et leur fassent endurer les supplices que je supporte moi-même !

Mais parlons d'autre chose.

Comment vas-tu, ma chérie ? Comment vont les enfants ? J'espère que vos santés à tous continuent à être bonnes. Soutiens-toi, tu n'as pas le droit de te laisser abattre. Tu as besoin de tout ton courage et de toute son énergie, et pour cela il te faut toutes tes forces physiques.

C'est enfin vendredi, demain. Comme ce jour est long à venir ! Heureusement que le temps m'a paru un peu moins long cette fois, car, hier et avant-hier, j'ai entendu parler de toi par les visites que j'ai reçues.

Comment veux-tu que je n'aie pas moi-même confiance quand je sens autour de moi toutes ces amitiés, toutes ces affections, tous ces dévouements, enfin !

Ce dont il faut que je m'arme surtout, c'est de patience.

---

2 heures.

On me remet ta lettre d'hier.

Je trouve que je gémis déjà assez par moi-même, sans que tu m'y engages encore. Ah ! Que c'est terrible, l'impuissance, quand on voudrait crier, faire éclater sa complète innocence ! Enfin, tout cela ne sert à rien. — Il faut, comme je ne puis te le répéter assez, comme on a dû te le répéter encore de ma part, chercher sans trêve ni repos.

La volonté est un levier tel, qu'il soulève et brise tous les obstacles.

J'ai reçu hier une bonne lettre de ta sœur, aujourd'hui une lettre de ta mère. Je n'ai, hélas, rien de particulier à leur dire ; ma vie, tu la connais, heure par heure, tu peux la leur décrire aussi complètement que moi-même. Dis à ta mère qu'elle ne craigne rien ; j'ai des faiblesses nerveuses bien compréhensibles ; mais l'âme est toujours là, elle veut la vérité, elle veut son honneur et elle l'aura. Je ne démentirai donc pas vos efforts.

Tôt ou tard, ma chérie, le bonheur nous reviendra, j'en ai l'intime conviction. Le plus dur, c'est la patience qu'il faut avoir ; heureusement pour vous que vous avez un dérivatif puissant, l'action.

A demain, ma chérie, le plaisir de te voir, de causer avec toi, de t'embrasser.

Mille baisers.

Ton dévoué mari,

ALFRED.

Bons baisers aux chéris.

Janvier et Février 1895

SAINT-MARTIN DE RÉ

19 janvier 1895.

Ma chérie,

Jeudi soir, vers dix heures, on est venu me réveiller pour m'emmener ici, où je suis seulement arrivé hier soir. Je ne veux pas te raconter mon voyage pour ne pas t'arracher le cœur; sache seulement que j'ai entendu les cris légitimes d'un peuple vaillant et généreux contre celui qu'il croit un traître, c'est-à-dire le dernier des misérables. Je ne sais plus si j'ai un cœur.

Ah! quel sacrifice vous ai-je fait en vous promettant le soir de ma condamnation de ne pas me tuer! Quel sacrifice fais-je au nom que portent mes pauvres chers petits, pour supporter tout ce que je subis! S'il y a une justice divine, il faut espérer que je serai récompensé de cette longue et effroyable torture, de ce martyre de toutes les minutes et de tous les instants. L'autre jour, ton père me disait qu'il eût préféré être mort, et moi donc!.. Je préférerais cent mille fois être mort. Mais ce droit, nous ne l'avons ni les uns ni les autres; plus je souffre et plus cela doit activer votre courage et votre résolution pour trouver la vérité. Cherchez donc, sans trêve ni repos, en proportion de toutes les souffrances que je m'impose. Veux-tu être assez bonne pour demander ou faire demander au ministre les autorisations suivantes que lui seul peut accorder : 1° Le droit d'écrire à tous les membres de ma famille, père, mère, frères et sœurs ; 2° Le droit d'écrire et de travailler dans ma cellule. Actuellement je n'ai ni *papier*, ni *plume*, ni *encre*. On me remet seulement la feuille de papier sur laquelle je t'écris, puis on me retire plume et encre ; 3° La permission de fumer.

Je ne te conseille pas de venir avant que tu ne sois complètement guérie. Le climat est très rigoureux et tu as besoin de toute ta santé pour nos chers enfants d'abord, pour le but que tu poursuis ensuite. *Quant à mon régime ici, il m'est interdit de t'en parler*.

Je te rappelle enfin qu'avant de venir ici, il faut que tu te munisses de toutes les autorisations nécessaires *pour me voir*, demander le *droit de m'embrasser*, etc., etc.

Quand serons-nous réunis, ma chérie ? Je vis dans cet espoir et dans celui bien plus grand de la réhabilitation future, mais que je souffre moralement. Dis à toute la famille qu'il faut travailler sans trêve ni repos, car tout cela est épouvantable et tragique. Ecris-moi bien vite. Je t'embrasse comme je t'aime,

ALFRED.

Le 21 janvier 1895
(Mardi, 9 heures du matin)

Comme tu dois souffrir !... Le drame dont nous sommes les victimes est certainement le plus épouvantable de ce siècle. Avoir tout pour soi, bonheur, avenir, intérieur charmant, et puis tout à coup, se voir accusé et condamné pour un crime monstrueux!

Ah! le monstre qui a jeté ainsi le déshonneur dans une famille aurait mieux fait de me tuer, au moins il n'y aurait que moi qui aurait souffert.

Vois-tu, ce qui me torture, c'est cette pensée du nom infâme qui est accolé à mon nom. Si je n'avais à supporter que des souffrances physiques, ce ne serait rien, les souffrances supportées pour une noble cause vous grandissent ; mais souffrir parce que je suis condamné pour un crime infâme, ah! non, vois-tu, c'est de trop, même pour une énergie comme la mienne.

Ah pourquoi ne suis-je pas mort, je n'ai même pas le droit de déserter de mon plein gré la vie ; ce serait une lâcheté, je n'aurai le droit de mourir, de chercher l'oubli que lorsque j'aurai mon honneur.

L'autre jour, quand on m'insultait à la Rochelle, j'aurais voulu m'échapper des mains de mes gardiens et me présenter la poitrine découverte à ceux pour lesquels j'étais un juste objet d'indignation et leur dire : « Ne m'insultez pas, mon âme que vous ne pouvez pas connaître est pure de toute souillure, mais si vous me croyez coupable, tenez, prenez mon corps, je vous le livre sans regrets. » Au moins alors, sous l'âpre morsure des souffrances physiques, quand j'aurais encore crié : « Vive la France ! » peut-être qu'alors eût-on cru à mon innocence !

Enfin, qu'est-ce que je demande nuit et jour ? Justice, justice ! Sommes-nous au xixe siècle ou faut-il retourner de quelques siècles en arrière ? Est-il possible que l'innocence soit méconnue dans un siècle de lumière et de vérité ? Qu'on cherche, je ne demande aucune grâce, mais je demande la justice qu'on doit à tout être humain. Qu'on poursuive les recherches ; que ceux qui possèdent de puissants moyens d'investigation les utilisent dans ce but, c'est pour eux un devoir sacré d'humanité et de justice. Il est impossible alors que la lumière ne se fasse pas autour de ma mystérieuse et tragique affaire.

O Dieu ! qui me rendra mon honneur qu'on m'a volé, qu'on m'a dérobé ?

Ah ! quel sombre drame, ma pauvre chérie ! Il est certain qu'il dépasse, comme tu le dis si bien, tout ce qu'on peut imaginer.

Je n'ai que deux moments heureux dans la journée, mais si courts. Le premier, quand on m'apporte cette feuille de papier afin de pouvoir t'écrire ; je passe ainsi quelques instants à causer avec toi. Le second, quand on m'apporte ta lettre journalière. Le reste du temps, je suis en tête à tête avec mon cerveau, et Dieu sait si mes réflexions sont tristes et sombres.

Quand cet horrible drame finira-t-il ? Quand aura-t-on enfin découvert la vérité ? Ah, ma fortune tout entière à celui qui sera assez habile et adroit pour déchiffrer cette lugubre énigme !

Donne-moi des nouvelles de tous les nôtres.

Embrasse tout le monde de ma part.

Je n'ose te parler de nos bons chéris. Quand je regarde leurs photographies, quand je vois leurs yeux si bons, si doux, les sanglots me montent du cœur aux lèvres. Quand on souffre pour quelque chose ou pour quelqu'un, c'est compréhensible...

Mais pourquoi, et surtout pour qui cet odieux martyre ?

Je te serre sur mon cœur,

ALFRED.

Ne viens pas avant d'être complètement rétablie et en excellente santé. Nos enfants ont besoin de toi.

Le 23 janvier 1895.

Ma chérie,

Je reçois tous les jours de tes lettres ; on ne m'a encore remis de lettre d'aucun membre de la famille ; de même, de mon côté, je n'ai pas encore l'autorisation de leur écrire. Je t'ai écrit tous les jours depuis samedi ; j'espère que tu es en possession de mes lettres.

Il ne faut pas s'étonner, ma chérie, de la scène de la Rochelle. Moi, je la trouve toute naturelle ; ce qui m'étonne bien plus, c'est qu'il ne se soit encore trouvé personne pour dire ce que sont vraiment nos familles dont les noms sont synonymes de loyauté et d'honneur. Ah ! la lâcheté humaine, j'en ai mesuré l'étendue dans ces jours tristes et sombres !

Quand je pense à ce que j'étais il y a quelques mois à peine, et quand je le compare à ma situation misérable d'aujourd'hui, j'avoue que j'ai des défaillances, des colères farouches, contre l'injustice du sort. Je suis, en effet, la victime de l'erreur la plus épouvantable de notre siècle. Ma raison se refuse parfois à y croire ; il me semble que je suis le jouet d'une terrible hallucination, que tout cela va se dissiper... mais, hélas ! la réalité est tout autour de moi.

Pourquoi ne sommes-nous pas tous morts avant cette tragique histoire ? Certes cela eût été préférable. Et aujourd'hui nous n'avons plus le droit de mourir ni les uns ni les autres, il faut que nous vivions pour laver notre nom de la souillure qui lui a été faite. Ma conviction est absolue ; je suis sûr que tôt ou tard la lumière jaillira, il est impossible à une époque comme la nôtre, que les recherches n'aboutissent pas à trouver le véritable coupable. Mais comment serai-je à ce moment là, moralement et physiquement ? Je crois que la vie n'aura plus alors aucun attrait pour moi, et si je m'y rattacherai encore, ce sera pour toi, ma bonne chérie, dont le dévouement a été héroïque dans ces horribles circonstances, et pour mes chers enfants dont je veux faire d'honnêtes gens.

Mais, quoi qu'il arrive, je suis sûr que l'histoire rétablira les choses à leur véritable point. Il se trouvera bien, dans notre beau pays de France, si prompt aux emballements, mais si généreux aux infortunes imméritées, un homme honnête et assez courageux pour chercher à découvrir la vérité.

Quant à moi, ma chérie, que te dire ? Que j'ai l'âme brisée ; on l'aurait à moins. Mais sois tranquille ; jusqu'à mon dernier souffle, je ne baisserai ni ne fléchirai la tête ; mon honneur vaut celui de qui que ce soit au monde. Faites comme moi et demandez justice. C'est la seule grâce que je sollicite ; je ne demande rien autre chose que la vérité, que toute la vérité.

Et cette vérité, si on veut bien la poursuivre, il est impossible qu'on ne l'ait pas, il est impossible qu'une pareille erreur ne se découvre pas.

Quand je regarde en arrière, mes souffrances sont tellement épouvantables que j'en éprouve des secousses nerveuses horribles. Je regarde toujours en avant avec l'espoir que bientôt tout se découvrira et qu'on me rendra mon honneur, ce que j'ai de plus cher en ce monde.

Fasse Dieu et la justice que ce moment arrive bientôt ! Vraiment j'ai assez souffert. Nous avons tous assez souffert.

J'espère que tu te soignes toujours ; il te faut, ma chère adorée, toutes tes forces physiques pour pouvoir supporter les tortures morales qu'on t'inflige.

Comment vont tous les membres de nos deux familles ? Donne moi de leurs nouvelles, puisque je ne puis en avoir directement.

Embrasse nos deux chéris, tout le monde pour moi. Je t'embrasse de toutes mes forces,

ALFRED.

Le 24 janvier 1895.

Ma chère Lucie.

D'après ta lettre datée de mardi, tu n'as encore reçu aucune lettre de moi. Comme tu dois souffrir, ma pauvre chérie ! Quel horrible martyre pour tous deux ! Sommes-nous assez infortunés ! Qu'avons-nous donc fait pour subir une pareille infortune ? C'est précisément ce qu'il y a de plus épouvantable : c'est qu'on se demande de quel crime on est coupable, quelle faute on expie.

Ah ! le monstre qui a jeté la honte et le déshonneur

dans une honnête famille, en voilà un qui ne méritera aucune pitié! Son crime est tellement épouvantable, que la raison se refuse à comprendre tant d'infamie unie à tant de lâcheté. Il me semble impossible qu'une pareille machination ne se découvre tôt ou tard; un crime pareil ne peut rester impuni.

Cette nuit, à un moment, la réalité m'est apparue comme un songe horrible, étrange, surnaturel... dont j'ai voulu me réveiller, dont j'ai voulu sortir... Mais, hélas, ce n'était pas un songe! Je voulais échapper à cet horrible cauchemar, me retrouver dans la réalité, telle du moins qu'elle devrait être, c'est-à-dire entre vous tous, dans tes bras, ma chérie, près de mes chers enfants.

Ah! quand ce jour béni arrivera-t-il? N'épargnez, pour cela, ni vos peines, ni vos efforts, ni l'argent. Que je sois ruiné, cela m'est égal, mais je veux mon honneur, c'est pour lui que je supporte ces effroyables tortures.

Tu me demandes comment je supporte mon supplice? Hélas, comme je le peux. J'ai parfois des moments d'abattement terribles, pendant lesquels il me semble que la mort serait mille fois préférable à la torture morale que j'endure, mais par un effort violent de volonté, je me ressaisis. Que veux-tu, il faut bien parfois se laisser aller à la douleur, on la supporte ensuite avec d'autant plus de fermeté.

Enfin, espérons que cet horrible calvaire aura une fin, c'est la seule raison de vivre, c'est là mon unique espoir.

Les journées et les nuits sont longues, mon cerveau est constamment à la recherche de cette énigme épouvantable qu'il ne peut déchiffrer. Ah! que je voudrais pouvoir déchirer à coups d'épée ce voile impénétrable qui entoure ma tragique histoire ! Il est impossible qu'on n'y arrive pas.

Donne-moi des nouvelles de vous tous, puisque les seules lettres que je reçoive sont les tiennes. Parle-moi de nos chers enfants, de ta santé. Je t'embrasse comme je t'aime,

ALFRED.

Le 25 janvier 1895.
(Vendredi)

Ma chère Lucie,

Ta lettre d'hier m'a navré, la douleur y perçait à chaque mot.

Jamais, vois-tu, deux infortunés n'ont souffert comme nous. Si je n'avais foi en l'avenir, si ma conscience nette et pure ne me disait pas qu'une pareille erreur ne peut subsister éternellement, je me laisserais certes aller aux plus sombres idées. J'ai déjà, comme tu le sais, résolu une fois de me tuer ; j'ai cédé à vos remontrances, je vous ai promis de vivre, car vous m'avez fait comprendre que je n'avais pas le droit de déserter, qu'innocent je devais vivre. Mais, hélas, si tu savais combien parfois il est plus difficile de vivre que de mourir !

Mais sois tranquille, ma chérie, malgré toutes mes tortures, je ne démentirai pas vos généreux efforts, je vivrai... tant que mes forces physiques et surtout morales le permettront.

Toute la nuit j'ai pensé à toi, mon adorée, j'ai souffert avec toi. Je t'ai écrit chaque jour depuis samedi dernier, j'espère que mes lettres te seront parvenues à l'heure qu'il est.

Je ne sais ni sur qui ni sur quoi fixer mes idées. Quand je regarde le passé, la colère me monte au cerveau, tant il me semble impossible que tout me soit ainsi ravi ; quand je regarde le présent, ma situation est si misérable que je pense à la mort comme à l'oubli de tout ; il n'y a que lorsque je regarde l'avenir que j'ai un moment de soulagement, car, comme je te le disais déjà plus haut, l'espoir seul me fait vivre.

Tout à l'heure, j'ai regardé pendant quelques instants le portrait de nos chers enfants ; mais je n'ai pu supporter leur vue longtemps tant les sanglots m'étreignaient la gorge. Oui, ma chérie, il faut que je vive, il faut que je supporte mon martyre jusqu'au bout pour le nom que portent ces chers petits. Il faut qu'ils apprennent un jour que ce nom est digne d'être honoré, d'être respecté, il faut qu'ils sachent que si je mets l'honneur de beaucoup de personnes au-dessous du mien, je n'en mets aucun au-dessus.

Ah ! mais il serait vraiment grand temps que cet horrible martyre que nous subissons tous prît fin. Je n'ose y penser, tout en moi se gonfle, prêt à éclater...

Je t'embrasse mille et mille fois ainsi que nos bons chéris,

ALFRED.

Vendredi, 4 heures.

On me remet ta lettre d'hier vendredi dans laquelle tu m'annonces avoir reçu ma première lettre. Tu es priée de t'abstenir de faire aucune réflexion sur les mesures prises à notre égard. Je n'aurai plus dorénavant le droit de t'écrire que deux fois par semaine. Tu pourras m'écrire chaque jour; fais-le, ma chérie, car c'est la seule chose qui me donne le courage de vivre. Si je ne sentais pas ta chaude affection, celle de tous les miens, lutter avec moi pour mon honneur, je n'aurais pas le courage de poursuivre cette tâche presque surhumaine. De même on ne me donne aucune lettre d'aucun membre de la famille, et je n'ai pas le droit de leur écrire.

Le ministre seul peut modifier cet état de choses.

Tu ne peux te figurer, ma pauvre enfant, comme je suis malheureux; nuit et jour je pense à cet horrible mot accolé à mon nom, mon cerveau parfois se refuse à admettre pareille chose. Je me demande dans mes nuits agitées si je suis réveillé ou si je dors. Avec cela, aucune occupation qui me permette de me distraire de mes sombres pensées.

Je t'embrasse mille fois ainsi que tous les nôtres,

ALFRED.

---

28 janvier 1895.

Ma chère Lucie,

Voilà un des jours heureux de ma triste existence, puisque je puis venir passer une demi-heure avec toi, à causer et à t'entretenir. Tu sais que je ne puis t'écrire que deux fois par semaine.

J'ai reçu tes deux lettres de vendredi et de samedi.

Chaque fois qu'on m'apporte une lettre de toi, un rayon de joie pénètre dans mon cœur profondément ulcéré. Ce que tu me dis dans ta lettre de samedi est exact; j'ai comme toi la conviction absolue que tout se découvrira, mais quand? — Tu comprends qu'à la longue tout s'émousse, même le courage le plus héroïque. Et puis, entre le courage qui fait affronter le danger quel qu'il soit et le courage qui permet de supporter sans faiblir les pires outrages, le mépris et la honte, il y a une grande différence. Je n'ai jamais baissé la tête, crois-le bien; ma conscience ne me le permettait pas. J'ai le droit de regarder tout le monde en face. Mais que veux-tu, tout le monde ne peut pas descendre dans mon âme et conscience! Le fait est là, hélas, brutal et terrible. C'est pourquoi chaque fois que je reçois une de tes lettres, j'ai un rayon d'espoir, j'espère enfin apprendre quelque bonne nouvelle. Si les Léon sont venus à Paris, leur impatience ne leur permettant pas d'attendre, pense un peu ce qu'il en est de moi. Je sais bien que vous souffrez tous comme moi, que vous partagez mes peines et mes tortures, mais vous avez l'activité qui vous distrait un peu de ces horribles douleurs, tandis que je suis là, impatient, en tête à tête nuit et jour avec mon cerveau.

Vraiment, je me demande encore aujourd'hui comment mon cerveau a pu résister à tant de coups répétés, comment je ne suis pas devenu fou.

Il est certain, ma chérie, qu'il n'y a que ton profond amour qui puisse me faire encore aimer la vie. Avoir consacré toutes ses forces, toute son intelligence au service de son pays, et puis se voir un beau jour accusé, puis condamné pour le crime le plus horrible, le plus monstrueux qu'un soldat puisse commettre, avoue qu'il y a de quoi dégoûter de la vie ! Aussi, quand mon honneur me sera rendu, — ah ! que ce soit le plus tôt possible — alors je me consacrerai tout entier à toi et à nos chers enfants.

Et puis, songe au chemin terrible qu'il me reste encore à parcourir avant d'arriver au terme de mes pérégrinations. Une traversée de 60 à 80 jours, dans des conditions épouvantables. Je ne parle pas, bien entendu, des conditions matérielles de la traversée — tu sais que mon corps m'a toujours peu inquiété — mais des conditions morales. Me trouver pendant tout ce temps-là en face de marins, d'officiers de marine, c'est-à-dire d'honnêtes et loyaux soldats qui verront en moi un traître, c'est-à-dire ce qu'il y a de plus abject parmi les criminels ! Tu vois, rien qu'à cette pensée, mon cœur se serre.

Je ne crois pas que jamais au monde un innocent ait enduré les tortures morales que j'ai déjà supportées et celles qui m'attendent encore. Aussi tu peux croire si dans chacune de tes lettres je cherche, enfin, ce mot d'espoir, tant attendu, tant désiré.

Écris-moi chaque jour longuement. Donne-moi des nouvelles de tous les membres de la famille, puisque je ne reçois pas leurs lettres et que je ne puis leur écrire. Tes lettres sont, comme je te l'ai déjà dit, mes seuls moments de bonheur. Toi seule, tu me rattaches à la vie.

Regarder en arrière, je ne le puis. — Les larmes me saisissent quand je pense à notre bonheur passé. Je ne puis que regarder en avant, avec le suprême espoir que bientôt luira le grand jour de la lumière et de la vérité.

Embrasse tout le monde pour moi, ainsi que nos chers enfants.

Mille baisers pour toi,

ALFRED.

---

31 janvier 1895. — Jeudi.

Ma chère Lucie,

Enfin voici de nouveau le jour heureux où je puis t'écrire. Je les compte, hélas, les jours heureux ! En effet, je n'ai plus reçu de lettres de toi depuis celle qui m'a été remise dimanche dernier. Quelle souffrance épouvantable ! Jusqu'à présent, j'avais chaque jour un moment de bonheur en recevant ta lettre. C'était un écho de vous tous, un écho de toutes vos sympathies qui réchauffait mon pauvre cœur glacé. Je relisais ta lettre quatre ou cinq fois, je m'imprégnais de chaque mot, — peu à peu les mots écrits se transformaient en paroles dites... il me semblait bientôt t'entendre me parler tout près de moi. Oh ! musique délicieuse qui allait à mon âme ! Puis, depuis quatre jours, plus rien, la morne tristesse, l'épouvantable solitude.

Je me demande vraiment comment je vis ; nuit et jour mon seul compagnon est mon cerveau, aucune occupation si ce n'est celle de pleurer sur nos malheurs.

La nuit dernière, quand j'ai pensé à toute ma vie passée, à tout ce que j'ai peiné, travaillé, pour acquérir une situation honorable... puis, quand j'ai comparé cela à ma situation présente, des sanglots m'ont saisi à la gorge, il me semblait que mon cœur se déchirait et j'ai dû, pour que mes gardiens ne m'entendissent pas, tant j'étais honteux de ma faiblesse, étouffer mes pleurs sous mes couvertures.

Vraiment, c'est trop cruel !

Ah ! combien j'éprouve aujourd'hui qu'il est parfois plus difficile de vivre que de mourir !

Mourir, c'est un moment de souffrance, mais c'est l'oubli de tous les maux, de toutes tortures.

Tandis que porter chaque jour le poids de ses souffrances, sentir son cœur saigner et chacun de ses nerfs torturé, toutes les fibres de la sensibilité tressaillir l'une après l'autre... souffrir enfin le long martyre du cœur... Voilà ce qu'il y a de vraiment épouvantable !

Mais ce droit de mourir, je ne l'ai pas, nous ne l'avons ni les uns, ni les autres. Nous ne l'aurons que lorsque la vérité sera découverte, que lorsque mon honneur me sera rendu. Jusque là il faut vivre. Je fais tous mes efforts pour cela, j'essaie d'annihiler en moi toute la partie intellectuelle et sensible pour vivre en bête uniquement préoccupée de satisfaire ses besoins matériels.

Quand donc cet horrible martyre sera-t-il fini ? Quand donc reconnaîtra-t-on la vérité ?

Comment vont nos pauvres chéris ? Quand je pense à eux, c'est un torrent de larmes. Et toi, j'espère que ta santé est bonne. Il faut te soigner, ma chérie. Les enfants d'abord, la mission que tu as à remplir ensuite, t'imposent des devoirs auxquels tu ne peux manquer.

Pardon de mon style baroque et décousu. Je ne

sais plus écrire, les mots ne me viennent plus, tant mon cerveau est délabré. Il n'y a plus qu'un point fixe dans ma tête : l'espoir de connaître un jour la vérité, de voir mon innocence reconnue et proclamée. C'est ce que je balbutie nuit et jour, dans mes rêves comme dans mon réveil.

Quand pourrais-je t'embrasser et retrouver dans ton profond amour la force qui m'est nécessaire pour aller jusqu'au bout de cet épouvantable calvaire ?

Embrasse tout le monde pour moi.

Baisers aux chéris.

Je t'embrasse comme je t'aime,

ALFRED.

Le 3 février 1895.
(Dimanche)

Ma chérie,

Je viens de passer une semaine atroce. Je suis sans nouvelles de toi depuis dimanche dernier, c'est-à-dire depuis huit jours. Je me suis imaginé que tu étais malade, puis que l'un des enfants l'était... J'ai fait ensuite toutes sortes de suppositions dans mon cerveau malade... J'ai bâti toutes sortes de chimères.

Tu peux t'imaginer, ma chérie, tout ce que j'ai souffert, tout ce que je souffre encore. Dans mon horrible solitude, dans la situation tragique dans laquelle des événements aussi bizarres qu'incompréhensibles m'ont placé, j'avais au moins cette unique consolation, c'est de sentir près de moi ton cœur battre à l'unisson du mien, partager toutes mes tortures.

La nuit de jeudi à vendredi surtout a été épouvantable. Je ne veux pas te la narrer, elle t'arracherait le cœur. Tout ce que je puis te dire, c'est que je me débattais contre l'accusation qui avait été portée contre moi, que je me disais que c'était impossible... puis je me réveillais et je constatais la triste réalité.

Ah! pourquoi ne peut-on pas m'ouvrir le cœur et y lire à livre ouvert; on y verrait au moins les sentiments que j'ai toujours professés, ceux que j'ai encore. Mais non, vois-tu, il me semble impossible que tout cela dure éternellement... la vérité doit se faire jour!

Par un effort inouï de ma volonté, je me suis ressaisi. Je me suis dit que je ne pouvais ni descendre dans la tombe, ni devenir fou avec un nom déshonoré. Il fallait donc que je vive, quelle que dût être la torture morale à laquelle je suis en proie.

Ah! cet opprobre, cette infamie qui couvrent mon nom, quand donc les enlèvera-t-on?

Qu'il vienne donc, le jour béni où mon innocence sera reconnue, où l'on me rendra mon honneur qui n'a jamais failli!... Je suis bien las de souffrir.

Que l'on me prenne mon sang, que l'on fasse ce que l'on voudra de mon corps..., tu sais que j'en fais fi..., mais qu'on me rende mon honneur.

Personne n'entendra donc ce cri de désespoir, ce cri d'un malheureux innocent qui, cependant, ne demande que justice!

Chaque jour qui se lève, j'espère que ce sera celui où l'on reconnaîtra ce que j'ai été, ce que je suis, un loyal soldat digne de mener au feu les soldats de la France...; puis le soir vient..., et rien, rien encore.

Ajoute à cela que je ne reçois aucune lettre de toi, que je suis isolé avec ma torture morale, et tu peux, ma chérie, te rendre compte de mon état. Mais sois rassurée, je suis de nouveau fort. Je me suis traité de lâche, je me suis dit tout ce que tu aurais pu me dire toi-même si tu avais été auprès de moi; un innocent n'a jamais le droit de désespérer. Puis, quoique je sois sans nouvelles directes, je sens tous vos cœurs, toutes vos âmes vibrer avec mon cœur et avec mon âme, souffrir avec moi de l'infamie qui couvre mon nom et chercher à la dissiper.

Quand pourras-tu venir passer quelques heures avec moi? Comme ce serait heureux si je pouvais puiser de nouvelles forces dans ton cœur!

Aurai-je une lettre de toi aujourd'hui? Je n'ose plus trop l'espérer puisque chaque jour mon espoir est déçu, et la souffrance est chaque fois trop cruelle.

Enfin, ma chérie, que te dire?... Je ne vis que d'espoir. Nuit et jour, je vois devant moi, comme une étoile brillante, le moment où tout sera oublié, où mon honneur me sera rendu.

Embrasse bien, bien fort, mes chéris pour moi.

Baisers à tous les membres de nos familles.

Quant à toi, je t'embrasse comme je t'aime, c'est-à-dire de toutes mes forces,

ALFRED.

Le 7 février 1895.
(Jeudi.)

Ma bonne Lucie,

J'ai reçu dimanche dernier un paquet d'une quinzaine de lettres, toutes antérieures au **dimanche**

27 janvier. Remercie bien tous les membres de la famille de leur chaude affection dont je n'ai jamais douté. Je suis donc sans nouvelles de toi depuis plus de dix jours. Te dire mes tortures est impossible.

Puis, me trouver encore en face de soldats que j'étais si fier de commander hier, que je suis digne de commander encore aujourd'hui, et qui verront en moi le dernier des misérables — vois-tu, c'est épouvantable ! Mon cœur cesse de battre à cette seule pensée.

Mon histoire est trop horrible, ma tête n'en peut plus.

J'ai pu résister pendant assez longtemps parce que mon âme pure et honnête me disait que mon devoir était là, que mon innocence si complète et si absolue ne tarderait pas à éclater...; mais cette avanie lente est tout ce qu'il y a de plus épouvantable.

J'eusse préféré le peloton d'exécution ; au moins, là, il n'y aurait pas eu de discussion possible et vous eussiez réhabilité ma mémoire.

Mais ne crains pas que je veuille attenter jamais à mes jours. Je t'ai promis de n'en rien faire et tu sais que je n'ai qu'une parole. Sois donc sans inquiétude aucune à ce sujet. Mais jusqu'où mes forces me mèneront-elles, jusqu'à quand mon cœur continuera-t-il de battre dans cette atmosphère de mépris, moi si fier de mon honneur sans tache, moi orgueilleux, voilà ce que je ne sais pas !

Ah ! s'il n'y avait eu que des tortures physiques à supporter, s'il n'y avait eu qu'à souffrir en attendant la vérité, j'aurais été de taille à le faire, à supporter le martyre épouvantable. Mais supporter le mépris... pendant si longtemps... c'est horrible !

Je ne crois pas qu'il y ait jamais eu un innocent qui ait enduré des tortures pareilles aux miennes.

Quant à toi, ma pauvre et bien aimée femme, il faut que tu gardes tout ton courage et toute ton énergie. C'est au nom de notre profond amour que je te le demande, car il faut que tu sois là pour laver mon nom de la souillure qui lui a été faite, il faut que tu sois là pour faire de nos enfants de braves et honnêtes gens. Il faut que tu sois là pour leur dire un jour ce qu'était leur père, un brave et loyal soldat, écrasé par une fatalité épouvantable.

Aurai-je des nouvelles de toi aujourd'hui ? Quand apprendrai-je que j'aurai le plaisir et la joie de t'embrasser ? Chaque jour je l'espère, et rien ne vient égayer mon horrible martyre.

Du courage, ma chérie, il t'en faut beaucoup, beaucoup, il vous en faut à tous, à nos deux familles. Vous n'avez pas le droit de vous laisser abattre, car vous avez une grande mission à remplir, quoiqu'il advienne de moi.

Embrasse tout le monde pour moi. Embrasse bien, bien fort, nos deux pauvres chéris pour moi, et toi reçois les meilleurs baisers de celui qui t'aime tant,

ALFRED.

Le 10 février 1895.
(Dimanche.)

Ma chère Lucie,

J'ai reçu vendredi soir tes lettres jusqu'au 2 février inclus.

J'ai vu avec plaisir que vous vous portez tous bien. J'espère que tu as reçu également mes lettres.

Je ne te parlerai pas de moi ; tu dois comprendre quelle est l'agonie lente de mon cœur. Mais rien ne sert de gémir. Ce qu'il te faut, ce qu'il vous faut à tous, c'est de la vaillance et du courage ; il ne faut pas que vous, vous vous laissiez abattre par l'adversité, si terrible qu'elle soit.

Il faut que vous arriviez à prouver à la France entière que j'étais un digne et loyal soldat, aimant sa patrie au dessus de tout, l'ayant servie toujours avec dévouement.

C'est là le but principal, le but primordial, bien au-dessus de ma propre personnalité. Il y a un nom qu'il s'agit de laver de la souillure qui lui a été infligée, un nom jusqu'ici pur et sans tache, et qui doit de nouveau briller d'un éclat aussi pur que jadis. C'est d'ailleurs le nom que portent nos chers enfants et ceci déjà doit te donner tout le courage nécessaire.

Merci de toutes les nouvelles que tu me donnes des nôtres. Moi aussi, je regrette de ne pouvoir leur écrire. Tu sais quelle grande affection j'avais pour eux tous. Embrasse bien les parents, ta chère famille, la nôtre pour moi. Dis leur bien ce que je pense, ce dont je voudrais te convaincre : c'est que moi je ne viens qu'en second lieu, c'est qu'il y a un nom qu'il faut réhabiliter.

Personne ne peut faillir à cette tâche suprême.

Te dire l'état dans lequel je suis, c'est inutile. Comme je te disais plus haut, ton cœur est là pour te le faire sentir mieux que ma plume ne saurait le faire. J'irai tant que mon cœur battra, avec toujours devant moi, nuit et jour, l'espoir suprême qu'on me rendra la place que je mérite.

Vois-tu, chérie, un homme d'honneur ne saurait vivre sans son honneur. On a beau se dire en soi-même qu'on est innocent, le cœur vous ronge. Les heures sont longues dans la solitude, et mon esprit ne peut encore concevoir tout ce qui m'arrive. Jamais romancier, si riche que soit son imagination, n'aurait pu écrire une histoire plus tragique.

Je suis convaincu comme toi que la vérité se fera jour tôt ou tard. Les bonnes causes triomphent toujours. Mais quel sera alors mon état, c'est ce que je ne saurais dire... Le cœur est là qui, du matin au soir et du soir au matin, souffre et palpite.

J'espère que je pourrai t'embrasser au moins avant mon départ.

Merci des détails que tu me donnes des enfants. Il faut les élever sérieusement et solidement, s'occuper aussi bien du physique que du moral. D'ailleurs, je te connais, je n'ai nulle inquiétude à ce sujet. Je sais que tu en feras des âmes généreuses et belles, ardentes pour tout ce qui est noble et beau, marchant toujours dans la voie du devoir.

Embrasse mille et mille fois ces bons chéris pour moi.

Je te prie aussi d'embrasser tout le monde pour moi. Reçois les baisers les meilleurs de ton mari qui t'aime, qui ne vit qu'avec ta pensée,

ALFRED.

Le 14 février 1895.

Ma chère Lucie,

Les quelques moments que j'ai passés avec toi m'ont été bien doux, quoiqu'il m'ait été impossible de te dire tout ce que j'avais sur le cœur.

Mon temps se passait à te regarder, à m'imprégner de ton visage, à me demander par quelle fatalité inouïe du sort j'étais séparé de toi. Plus tard, quand on racontera mon histoire, elle paraîtra invraisemblable.

Mais ce qu'il faut bien nous dire, c'est qu'il faut la réhabilitation. Il faut que mon nom brille de nouveau de tout l'éclat qu'il n'aurait jamais dû perdre.

J'aimerais mieux voir nos enfants morts que de penser que le nom qu'ils portent est déshonoré.

C'est pour nous tous une question vitale, on ne vit pas sans honneur. Je ne saurais assez te le répéter

J'aurai bientôt un nouveau pas à franchir dans mon étape douloureuse.

Je ne crains pas les fatigues physiques, mais pourvu, mon Dieu, qu'on m'épargne les tortures morales! Je suis las de sentir mon nom méprisé, moi si fier, si orgueilleux précisément de mon nom sans tache, moi qui ai le droit de regarder tout le monde en face! Je ne vis que dans cet espoir, c'est de voir bientôt mon nom lavé de cette horrible souillure.

Tu m'as de nouveau rendu le courage. Ta noble abnégation, ton héroïque dévouement me rendent de nouvelles forces pour supporter mon horrible martyre.

Je ne te dirai pas que je t'aime encore plus; tu sais quel est mon amour profond pour toi. C'est lui qui me permet de supporter mes tortures morales, c'est l'affection de vous tous pour moi.

Embrasse bien tout le monde pour moi, les mem-

bres de nos deux familles, tes chers parents, nos enfants, et reçois pour toi les meilleurs et les plus tendres baisers de ton dévoué mari

ALFRED.

Le 21 février 1895.

Ma chère Lucie,

Quand je te vois, le temps est si court, je suis si anxieux de voir l'heure s'écouler avec une rapidité que je ne connaissais plus, tant les autres heures que je passe me semblent horriblement longues, que j'oublie de te dire la moitié de ce que j'avais préparé dans mon imagination.

Je voulais te demander si le voyage ne te fatiguait pas, si la mer t'avait été clémente? Je voulais te dire toute l'admiration que j'ai pour ton noble caractère, pour ton admirable dévouement! Plus d'une femme aurait vu son cerveau sombrer sous les coups répétés d'un sort aussi cruel, aussi immérité.

Je voulais te parler longuement de nos enfants, de leur santé, de leur régime. Je voulais aussi te prier de remercier toutes nos familles de leur dévouement à la cause d'un innocent, te demander des nouvelles de leur santé à tous. Il faudrait une longue journée pour épuiser tous ces sujets et nos minutes sont comptées! Enfin, il faut espérer que les jours heureux reviendront, car il est impossible, il est contraire à la raison humaine, qu'on n'arrive pas à mettre la main sur le véritable coupable.

Comme je te l'ai dit, je ferai mon possible pour dompter les battements de mon cœur ulcéré, pour supporter cet horrible et long martyre, afin de voir avec vous luire le jour heureux de la réhabilitation.

Je souffrirai sans gémir le mépris si naturel, si justifié qu'inspire l'être que je représente, je comprimerai les convulsions de mon être contre un sort aussi épouvantable, aussi horrible.

Oh! ce mépris autour de mon nom, autour de ma personne, comme j'en souffre! La plume est incapable de traduire un pareil supplice.

Je me demande vraiment comment un homme qui a véritablement forfait à l'honneur peut continuer à vivre? Mais je ne vis que grâce à ma conscience, grâce à l'espoir que bientôt tout se découvrira, que le véritable criminel sera puni de son horrible crime, qu'on me rendra enfin mon honneur.

Quand je serai parti, écris-moi bien longuement. Je pense qu'aussi à ce moment vous pourrez tous m'écrire et que je recevrai des nouvelles de tous les membres de nos familles.

Au premier envoi que tu feras, veux-tu être assez bonne pour ajouter la méthode Ollendorf que j'ai pu juger ici et que je trouve préférable à celle de ton professeur? Tu y joindras le corrigé des thèmes qui forme un volume à part et qui sera aussi mon professeur.

Embrasse bien nos chéris, tes parents, tous ceux que tu vois enfin de ma part et reçois les baisers affectueux de ton dévoué

ALFRED.

1895-1896-1897-1898

ILES DU SALUT

Mardi, 12 mars 1895.

Ma chère Lucie,

Le jeudi 21 février, quelques heures après ton départ, j'ai été enmené à Rochefort et embarqué.

Je ne te raconterai pas mon voyage; j'ai été transporté comme le méritait le vil gredin que je représente; ce n'est que justice. On ne saurait accorder aucune pitié à un traître; c'est le dernier des misérable et tant que je représenterai ce misérable, je ne puis qu'approuver.

Ma situation ici ne peut que découler encore des mêmes principes.

Mais ton cœur peut te dire tout ce que j'ai souffert, tout ce que je souffre; c'est horrible. Je ne vis plus que par mon âme qui espère voir luire bientôt le jour triomphant de la réhabilitation; c'est la seule chose qui me donne la force de vivre. Sans honneur, un homme est indigne de vivre.

Toi, la vérité même, tu m'as affirmé le jour de mon départ être sûre d'aboutir bientôt; je n'ai vécu durant cet horrible voyage, je ne vis encore que sur cette parole de toi, rappelle-toi le bien.

J'ai été débarqué il y a quelques instants et j'ai obtenu de t'envoyer une dépêche.

Je t'écris vite ces quelques mots qui partiront le 15 par le courrier anglais. Cela me soulage de venir causer avec toi que j'aime si profondément. Il y a deux courriers par mois pour la France, le 15, courrier anglais et le 3, courrier français.

De même, il y a deux courriers par mois pour les Iles, le courrier anglais et le courrier français. Informe-toi de la date de leur départ et écris-moi par l'un et par l'autre.

Ce que je puis te dire encore, c'est, si tu veux que je vive : fais-moi rendre mon honneur. Les convictions, quelles qu'elles soient, ne me servent de rien ; elles ne changent pas ma situation ; ce qu'il faut, c'est un jugement me réhabilitant.

J'ai fait pour toi le plus grand sacrifice qu'un homme de cœur puisse faire en acceptant de vivre après ma tragique histoire, grâce à la conviction que tu m'as inculquée que la vérité se fait toujours connaître. A ton tour, ma chérie, de faire tout ce qui est humainement possible pour découvrir la vérité.

Épouse et mère, tâche d'émouvoir les cœurs d'épouses et de mères pour qu'on te livre la clé de cet horrible mystère. Il me faut mon honneur si tu veux que je vive ; il le faut pour nos chers enfants. Ne raisonne pas avec ton cœur, cela ne sert à rien. Il y a un jugement, rien ne sera changé dans notre tragique situation tant que le jugement ne sera pas révisé. Réfléchis donc et agis pour déchiffrer cette énigme, cela vaudra mieux que de venir ici partager mon horrible situation, ce sera le meilleur, le seul moyen de me sauver la vie. Dis-toi bien que c'est une question de vie et de mort pour moi comme pour nos enfants.

Je suis incapable de vous écrire à tous, car mon cerveau n'en peut plus et mon désespoir est trop grand. J'ai le système nerveux dans un état déplorable, et il serait grand temps que cet horrible drame prît fin.

Je n'ai plus que l'âme qui surnage.

Mais, pour Dieu, hâtez-vous et travaillez ferme !

Dis à tous de m'écrire.

Embrasse tout le monde pour moi, nos pauvres chéris aussi et pour toi mille tendres baisers de ton dévoué mari

ALFRED.

Quand tu auras une bonne nouvelle à m'annoncer envoie moi une dépêche, je l'attends chaque jour comme le Messie.

Mercredi, 15 mars 1895.

Ma chérie,

Comme je ne remets cette lettre qu'aujourd'hui, je viens encore vite un peu causer avec toi. Je ne parlerai pas de mes épouvantables tortures, tu les connais et tu les partages.

Ma situation reste ici la même qu'auparavant ; dis-toi bien que je suis incapable de la supporter longtemps. Il me semble donc difficile que tu viennes me rejoindre. D'ailleurs, comme je te l'ai dit hier, si tu veux me sauver la vie, tu as mieux à faire : fais-moi rendre mon honneur, l'honneur de mon nom, celui de nos pauvres enfants.

Dans mon horrible détresse, je passe mon temps à me répéter mentalement le mot que tu m'as dit le jour de mon départ : votre certitude absolue d'arriver à la vérité. D'ailleurs, autrement, ce serait la mort pour moi et à bref délai, car sans mon honneur je ne vivrais pas. Je ne suis arrivé à surmonter tout que grâce à ma conscience et à l'espérance que vous m'avez donnée que la vérité se découvrirait. Cette espérance morte serait le signal de ma mort.

Dis-toi donc bien, ma chérie, qu'il faut aboutir, et le plus tôt possible à me faire rendre mon honneur ; je suis incapable de supporter encore longtemps cette atmosphère de mépris si légitime autour de moi. De vos efforts dépend mon honneur, c'est-à-dire ma vie, enfin l'honneur de nos pauvres enfants. Tu dois donc tout tenter, tout essayer, pour arriver à la vérité, que je vive ou que je meure, car ta mission est supérieure à moi-même.

Je t'embrasse comme je t'aime,

ALFRED.

20 Mars 1895.

Ma chère Lucie,

Ma lettre sera courte, car je ne veux pas t'arracher l'âme, mes souffrances sont d'ailleurs tiennes.

Je ne puis d'ailleurs que te confirmer la lettre que je t'ai écrite le 13 de ce mois. Plus vous hâterez ma réhabilitation et plus vous abrégerez mon martyre.

J'ai fait pour toi plus que l'amour le plus profond peut inspirer ; j'ai enduré le pire supplice qu'un homme de cœur puisse subir ; à toi de faire l'impossible pour me faire rendre mon honneur si tu veux que je vive.

Ma situation n'est pas encore définitive, je suis toujours encore enfermé.

Je ne te parlerai pas de ma vie matérielle, elle m'est indifférente. Les misères physiques ne sont rien, quelles qu'elles soient. Je ne veux qu'une chose dont je rêve nuit et jour, dont mon cerveau est hanté à tout instant, c'est qu'on me rende mon honneur qui n'a jamais failli.

On ne m'a pas remis jusqu'à présent les livres que j'ai apportés, on attend des ordres.

Envoie-moi toujours des revues par le prochain courrier.

Donc, ma chérie, si tu veux que je vive, fais-moi rendre mon honneur le plus tôt possible, car mon martyre ne saurait se supporter indéfiniment. J'aime mieux te dire la vérité, toute la vérité que de te bercer d'illusions trompeuses. Il faut savoir regarder la situation en face. Je n'ai accepté de vivre que parce que vous m'avez inculqué la conviction que l'innocence se fait toujours connaître. Cette innocence, il faut la faire relater, non seulement pour moi, mais pour les enfants, pour vous tous.

Embrasse ces chéris, tout le monde pour moi et, mille baisers pour toi,

ALFRED.

Comme les lettres seront très longues à me parvenir, envoie moi une dépêche quand tu auras une bonne nouvelle à m'annoncer. Ma vie reste suspendue à cette attente. Pense à tout ce que je souffre.

28 mars 1895.

Ma chère Lucie,

J'espérais recevoir ces jours-ci de tes nouvelles ; je n'ai encore rien reçu ; je t'ai déjà écrit deux lettres.

Je ne connais toujours que les quatre murs de ma chambre. Quant à ma santé, elle ne saurait être brillante. En dehors des misères physiques que j'ai supportées et dont je ne parle que pour mémoire, la cause en est surtout dans l'ébranlement de mon système nerveux, produit par cette suite ininterrompue de secousses morales.

Tu sais que les souffrances physiques, si douloureuses qu'elles soient parfois, ne sauraient m'arracher aucune plainte, et je regarderais froidement la mort venir, si mes tortures morales n'assombrissaient constamment mes pensées.

Mon esprit ne peut se dégager un seul instant de cet horrible drame dont je suis la victime, drame qui m'atteint non seulement dans ma vie — c'est le moindre de mes maux et mieux eût valu, certes, que le misérable qui a commis ce crime m'eût tué que de me frapper ainsi — mais dans mon honneur, dans celui de mes enfants, dans celui de vous tous.

Cette idée lancinante de mon honneur arraché ne me laisse de repos ni jour ni nuit. Mes nuits, hélas ! tu peux t'imaginer ce qu'elles sont. Jadis ce n'étaient que des insomnies ; une grande partie maintenant se consume dans un tel état d'hallucination et de fièvre que je me demande chaque matin comment mon cerveau résiste encore ; c'est un de mes plus cruels supplices. Il faut y ajouter ces longues heures de la journée en tête à tête avec soi-même dans l'isolement le plus absolu.

Est-il possible de s'élever au-dessus de pareilles préoccupations et de forcer son esprit à s'égarer sur d'autres sujets? Je ne le crois pas, en tous cas je ne le puis. Quand on se trouve dans la situation la plus émouvante, la plus tragique qu'on puisse concevoir pour un homme dont l'honneur n'a jamais failli, rien ne peut détourner la pensée du sujet dominant qui la préoccupe.

Puis, quand je pense à toi, à nos chers enfants, mon chagrin est indicible, car le poids du crime qu'un misérable a commis pèse lourdement sur vous aussi. Il faut donc, pour nos enfants, que, quoiqu'il arrive, tu poursuives, sans trêve ni repos, l'œuvre que tu as entreprise et que tu fasses éclater mon innocence de telle sorte qu'il ne puisse subsister de doute dans l'esprit de personne.

Quelles que soient les personnes convaincues de mon innocence, dis-toi qu'elles ne changeront rien à notre situation. Nous nous sommes souvent payés de mots et nourris d'illusions; rien ne peut nous sauver, si ce n'est ma réhabilitation.

Tu vois donc, ce que je ne puis cesser de te répéter, qu'il s'agit d'une question de vie ou de mort, non seulement pour moi, mais pour nos enfants. Pour moi, je n'accepterai jamais de vivre sans mon honneur; dire qu'un innocent doit et peut toujours vivre, c'est un lieu commun d'une banalité désespérante.

J'ai pu le dire et le croire aussi; aujourd'hui que j'en fais la triste expérience, je déclare que c'est impossible quand on a du cœur. La vie n'est admissible que lorsqu'on peut lever la tête partout et regarder tout le monde en face; autrement, il n'y a qu'à mourir. Vivre pour vivre, c'est simplement bas et lâche. Je suis sûr d'ailleurs que tu penses comme moi; toute autre solution serait indigne de nous.

La situation déjà si tragique se tend donc de plus en plus chaque jour. Il ne s'agit ni de pleurer ni de gémir, mais d'y faire face avec toute ton énergie et toute ton âme. Il faut, pour dénouer cette situation, ne pas attendre un hasard heureux, mais déployer une activité dévorante, frapper à toutes les portes; il faut employer tous les moyens pour faire jaillir la lumière. Tous les procédés d'investigation sont à tenter; le but, c'est ma vie, notre vie à tous.

Voici donc un bulletin bien net de mon état aussi bien physique que moral. Je le résume : un état nerveux et cervical pitoyable, mais une énergie morale extrême, tendue vers le but unique qu'il faut atteindre à tout prix, par tous les moyens, la réhabilitation.

Je te laisse dès lors à penser quelles luttes je suis obligé de soutenir chaque jour pour ne pas préférer une mort immédiate à cette lente agonie de toutes mes forces, à ce martyre de tous les instants où se combinent les souffrances physiques avec les tortures morales.

Tu vois que je tiens la promesse que je t'ai faite de lutter pour vivre jusqu'au jour de la réhabilitation; c'est tout ce que je puis faire. A toi de faire le reste si tu veux que j'atteigne ce jour.

Donc, pas de faiblesse. Dis-toi que je souffre le martyre, que mon cerveau s'affaiblit chaque jour; dis-toi qu'il s'agit de mon honneur, c'est-à-dire de ma vie, de l'honneur de tes enfants. Que ces pensées t'inspirent, et agis en conséquence.

Embrasse tout le monde, les enfants pour moi. Mille baisers de ton mari qui t'aime,

ALFRED.

Comment vont les enfants ? Donne-moi de leurs nouvelles. Je ne puis penser à toi et à eux sans que mon être tressaille de douleur. Je voudrais t'insuffler tout le feu qui est dans mon âme pour marcher à l'assaut de la vérité, te pénétrer de la nécessité absolue de démasquer le véritable coupable par tous les moyens, quels qu'ils soient, et surtout sans tarder.

Envoie-moi quelques livres.

---

27 avril 1895.

Ma chère Lucie,

Quelques lignes encore pour que tu saches que je suis toujours en vie et pour t'envoyer l'écho de mon immense affection.

Quelque grand que soit notre chagrin à tous deux, je ne puis que te dire toujours de le surmonter pour poursuivre la réhabilitation avec une persévérance indomptable.

Garde toujours le calme et la dignité qui conviennent à notre grand malheur, si immérité, mais travaille pour me faire rendre mon honneur, l'honneur du nom que portent mes chers enfants.

Qu'aucune démarche ne te rebute ni te lasse ; va trouver, si tu le juges utile, les membres du Gouvernement, émeus leur cœur de père et de Français, dis bien que tu ne demandes pour moi ni grâce ni pitié, mais seulement qu'on poursuive les recherches à outrance.

Malgré une coïncidence parfois terrible de tourments aussi bien physiques que moraux, je sens bien que mon devoir vis-à-vis de toi, vis-à-vis de nos chers enfants est de résister jusqu'à la limite de mes forces et de protester de mon innocence jusqu'à mon dernier souffle.

Mais s'il y a une justice en ce monde, il me semble impossible, ma raison se refuse à y croire, que nous ne retrouvions le bonheur qui n'aurait jamais dû nous être enlevé.

Je t'écris certes parfois des lettres exaltées, sous l'empire d'impressions nerveuses extrêmes ou de dépression physique considérable; mais qui n'aurait pas de ces coups de folie, de ces révoltes du cœur et de l'âme, dans une situation aussi tragique, aussi émouvante que la nôtre? Et si je te dis de te hâter, c'est que je voudrais assister au jour de triomphe de mon innocence reconnue. Et puis, toujours seul, en tête à tête avec moi-même, livré à mes tristes pensées, sans nouvelles de toi, des enfants, de tous ceux qui me sont chers depuis plus de deux mois, à qui confierais-je les souffrances de mon cœur, si ce n'est à toi, confidente de toutes mes pensées?

Je souffre non seulement pour moi, mais bien plus encore pour toi, pour nos chers enfants. C'est en ces derniers, ma chérie, que tu dois puiser cette force morale, cette énergie surhumaine qui te sont nécessaires pour aboutir à tout prix à ce que notre honneur apparaisse de nouveau, à tous sans exception, ce qu'il a toujours été, pur et sans tache.

Mais je te connais, je connais ta grande âme, j'ai confiance en toi.

Je n'ai toujours pas de lettres de toi; quant à moi, c'est la cinquième que je t'écris.

Embrasse tout le monde de ma part.

Mille bons baisers pour toi, pour nos chers enfants. Parle-moi longuement d'eux.

ALFRED.

Mercredi, 8 mai 1895.

Ma chère Lucie,

Quoique je ne doive remettre cette lettre que le 18, je la commence dès aujourd'hui, tant j'éprouve un besoin invincible de venir causer avec toi.

Il me semble, quand je t'écris, que les distances se rapprochent, que je vois devant moi ta figure aimée et qu'il y a quelque chose de toi auprès de moi. C'est une faiblesse, je le sais, car malgré moi, l'écho de mes souffrances vient parfois sous ma plume, et les tiennes sont assez grandes pour que je ne te parle pas encore des miennes. Mais je voudrais bien voir à ma place philosophes et psychologues, qui dissertent tranquillement au coin de leur feu. sur le calme, la sérénité que doit montrer un innocent !

Un silence profond règne autour de moi, interrompu seulement par le mugissement de la mer. Et ma pensée, franchissant la distance qui nous sépare, se reporte au milieu de vous, au milieu de tous ceux qui me sont chers et dont la pensée, certes, doit se diriger souvent aussi vers moi. Fréquemment je me demande, à telle heure, que fait ma chère Lucie, et je t'envoie par la pensée l'écho de mon immense affection. Je ferme alors les yeux, et il me semble voir se profiler ta figure, celles de mes chers enfants. Je n'ai toujours pas de lettres de toi, sauf celles du 16 et 17 février adressées encore à l'île de Ré. Voici donc trois mois que je suis sans nouvelles de toi, des enfants, de nos familles.

Je crois t'avoir déjà dit que je te conseillais de demander à déposer tes lettres au Ministère huit ou dix jours avant le départ des courriers; peut-être ainsi les recevrais-je plus rapidement. Mais, ma bonne chérie, oublie toutes mes souffrances, surmonte les tiennes et pense à nos enfants. Dis-toi que tu as une mission sacrée à remplir, celle de me faire rendre mon honneur, l'honneur du nom que portent nos chers petits. D'ailleurs, je me rappelle ce que tu m'as dit avant mon départ, je sais, comme tu me le répètes dans ta lettre du 17 février, ce que valent les paroles dans ta bouche, j'ai une confiance absolue en toi.

Ne pleure donc plus, ma bonne chérie, je lutterai jusqu'à la dernière minute pour toi, pour nos chers enfants.

Les corps peuvent fléchir sous une telle somme de chagrins, mais les âmes doivent rester fortes et vaillantes pour réagir contre une situation que nous n'avons pas méritée. Quand l'honneur me sera rendu, alors seulement, ma bonne chérie, nous aurons le droit de nous retirer. Nous vivrons pour nous, loin des bruits du monde, nous nous réfugierons dans notre affection mutuelle, dans notre amour grandi par des événements aussi tragiques. Nous nous soutiendrons l'un l'autre pour panser les blessures de nos cœurs, nous vivrons dans nos enfants auxquels nous consacrerons le restant de nos jours. Nous tâcherons d'en faire des êtres bons, simples, forts physiquement et moralement, nous élèverons leurs âmes pour qu'ils y trouvent toujours un refuge contre les réalités de la vie.

Puisse ce jour arriver bientôt, car nous avons tous payé notre tribut de souffrances sur cette terre!

Courage donc, ma chérie, sois forte et vaillante. Poursuis ton œuvre sans faiblesse, avec dignité, mais avec le sentiment de ton droit. Je vais me coucher, fermer les yeux et penser à toi.

Bonsoir et mille baisers.

---

12 Mai 1895.

Je continue cette lettre, car je veux te faire part de mes pensées au fur et à mesure qu'elles me viennent à l'esprit. J'ai le temps de réfléchir profondément dans ma solitude.

Vois-tu, les mères qui veillent au chevet de leurs enfants malades et qui les disputent à la mort avec une énergie farouche n'ont pas besoin d'autant de vaillance que toi, car c'est plus que la vie de tes enfants que tu as à défendre, c'est leur honneur. Mais je te sais capable de cette noble tâche.

Aussi, ma chère Lucie, je te demande pardon si j'ai parfois augmenté ton chagrin en exhalant des plaintes, en témoignant d'une impatience fébrile de voir enfin s'éclaircir ce mystère devant lequel ma raison se brise impuissante. Mais tu connais mon tempérament nerveux, mon caractère emporté. Il me semblait que tout devait se découvrir immédiatement, qu'il était impossible que la lumière ne se fît pas prompte et complète. Chaque matin je me levais avec cet espoir, et chaque soir je me couchais avec une profonde déception. Je ne pensais qu'à mes tortures et j'oubliais que tu devais souffrir autant que moi.

Cet horrible crime d'un misérable ne m'atteint pas seulement en effet, mais il atteint aussi, il atteint aussi surtout nos deux chers enfants. C'est pourquoi il faut que nous surmontions toutes nos souffrances : il ne suffit pas seulement de donner la vie à ses enfants, il faut leur léguer l'honneur sans lequel la vie n'est pas possible. Je connais tes sentiments, je sais que tu penses comme moi. Courage donc, chère femme, je lutterai avec toi en te soutenant de toute mon énergie, parce que devant une nécessité pareille, absolue, tout doit être oublié. Il le faut pour notre cher petit Pierre, pour notre chère petite Jeanne.

Je sais combien tu as été admirable de dévouement, de grandeur d'âme dans les événements tragiques qui viennent de se dérouler.

Continue donc, ma chère Lucie, ma confiance en toi est complète, ma profonde affection te dédommagera quelque jour de toutes les douleurs que tu endures si noblement.

---

18 Mai 1895.

Je termine aujourd'hui cette lettre qui t'apportera une parcelle de moi-même et l'expression de mes pensées profondément réfléchies dans le silence sépulcral au milieu duquel je vis.

J'ai trop souvent pensé à moi, pas assez à toi, aux enfants. Ton martyre, celui de nos familles sont aussi grands que le mien. Il faut donc que nos cœurs s'élèvent au-dessus de tout pour ne voir que le but à atteindre : notre honneur.

Je resterai debout tant que mes forces me le permettront pour te soutenir de toute mon ardeur, de toute la grandeur de mon affection.

Courage donc, chère Lucie, et persévérance ; nous avons nos petits à défendre.

Embrasse frères et sœurs pour moi, dis-leur que j'ai reçu les lettres encore adressées à l'Ile-de-Ré et que je leur écrirai prochainement.

Pour toi, mes meilleurs baisers, ALFRED.

J'oubliais de te dire que j'ai reçu hier les deux revues du 15 mars, mais c'est tout.

Cher petit Pierre,

Papa t'envoie de bons gros baisers ainsi qu'à petite Jeanne. Papa pense souvent à tous les deux. Tu montreras à petite Jeanne à faire de belles tours en bois, bien hautes, comme je t'en faisais et qui dégringolaient si bien.

Sois bien sage, fais de bonnes caresses à ta maman quand elle est triste. Sois bien gentil aussi avec grand'mère et grand-père, fais de bonnes niches à tes tantes. Quand papa reviendra de voyage, tu viendras le chercher à la gare avec petite Jeanne, avec maman, avec tout le monde.

Encore de bons gros baisers pour toi et pour Jeanne. Ton papa.

27 Mai 1895.

Ma chère Lucie,

Je profite de chaque correspondance avec Cayenne pour t'écrire, voulant te donner le plus souvent possible de mes nouvelles.

Je t'ai écrit une longue lettre dans le courant du mois ; je l'ai remise le 18.

Quoique sans nouvelles depuis mon départ de France, — toutes les lettres reçues étant antérieures à notre dernière entrevue, — j'espère cependant qu'au moment où tu recevras cette lettre, le dénouement de notre tragique histoire sera proche.

Quoiqu'il en soit, je te crie toujours avec toutes les forces de mon âme : courage et persévérance !

Les nerfs m'ont dominé souvent, mais l'énergie morale est toujours restée entière ; elle est aujourd'hui plus grande que jamais.

Cuirassons donc nos cœurs contre tout sentiment de douleur et de chagrin, surmontons nos souffrances et nos misères pour ne voir que le but suprême : notre honneur, l'honneur de nos enfants. Tout doit s'effacer devant cela.

Courage donc encore, ma chère Lucie ; je te soutiendrai de toute mon énergie, de toute la force que me donne mon innocence, de toute la volonté que j'ai de voir la lumière se faire entière, complète, absolue, telle qu'il la faut pour nous, pour nos enfants, pour nos deux familles.

De bons baisers aux chers petits.

Je t'embrasse comme je t'aime,

ALFRED.

Le 3 juin 1895.

Ma chère Lucie,

Toujours pas de lettres de toi, ni de personne. Je suis donc sans nouvelles depuis mon départ, de toi, de nos enfants, de toute la famille.

Tu as pu voir par mes lettres les crises successives que j'ai subies. Mais pour le moment, oublions le passé. Nous parlerons de nos souffrances quand nous serons de nouveau heureux.

J'ignore donc ce qui se passe autour de moi, vivant comme dans une tombe. Je suis incapable de déchiffrer dans mon cerveau cette épouvantable énigme. Tout ce que je puis donc faire, et je ne faillirai pas à ce devoir, c'est de te soutenir jusqu'à mon dernier souffle, c'est de t'insuffler encore et toujours le feu qui brûle en moi pour marcher à la conquête de la vérité, pour me rendre mon honneur, l'honneur de nos enfants. Te souviens-tu de ces vers de Shakespeare, dans Othello, que j'ai retrouvés dans un de mes livres d'Anglais. (Je te les envoie traduits, tu comprends pourquoi!) :

> Celui qui me vole ma bourse,
> — Me vole une bagatelle,
> C'est quelque chose, mais ce n'est rien.
> Elle était à moi, elle est à lui, et
> A été l'esclave de mille autres.
> Mais celui qui me vole ma
> bonne renommée,
> Me vole une chose qui ne l'enrichit pas,
> Et qui me rend vraiment pauvre.

Ah oui! il m'a rendu vraiment « pauvre », le misérable qui m'a volé mon honneur! Il nous a rendus plus malheureux que les derniers des humains. Mais chacun aura son heure. Courage donc, chère Lucie, conserve cette volonté indomptable que tu as montrée jusqu'ici. Puise en tes enfants cette énergie surhumaine qui triomphe de tout. D'ailleurs, je n'ai nul doute que tu ne réussisses, et j'espère que ce sinistre drame aura bientôt son dénouement et que mon innocence sera enfin reconnue. Que te dirai-je encore, ma chère Lucie, que je ne te répète dans chacune de mes lettres? Ma profonde admiration pour le courage, le cœur, le caractère, que tu as montrés dans des circonstances aussi tragiques; la nécessité absolue qui passe au-dessus de tout, de tous les intérêts, de toutes nos vies même, de prouver mon innocence de telle façon qu'il ne reste de doute dans l'esprit de personne, de tout faire, cela sans bruit, mais avec une volonté que rien n'arrête.

J'espère que tu reçois mes lettres, c'est bien la neuvième que je t'écris.

Embrasse toute la famille, tes chers enfants pour moi et reçois pour toi les meilleurs baisers de ton dévoué

ALFRED.

Comme tu le vois, ma chère Lucie, j'espère que quand tu recevras ces dernières lettres, la vérité ne sera pas loin d'être connue et que nous jouirons de nouveau du bonheur qui avait été notre partage jusqu'ici.

Le 11 juin 1895.

Ma chère Lucie,

J'ai reçu hier toutes tes lettres jusqu'au 7 mars, c'est-à-dire les premières que tu aies adressées ici, ainsi que celle de ta mère et celles de nos frères et sœurs datant de la même époque.

C'est sous l'impression de leur lecture que je veux te répondre. D'abord la joie immense que j'ai eue en te lisant : c'était quelque chose de toi qui venait me retrouver, c'était ton bon et excellent cœur qui venait réchauffer le mien.

J'ai vu aussi, ce que je sentais déjà, combien tu souffrais, combien vous souffriez tous de cet horrible drame qui est venu nous surprendre en plein bonheur et nous arracher l'honneur. Ce mot dit tout, il résume toutes nos tortures, les miennes comme les vôtres.

Mais du jour où je t'avais promis de vivre pour attendre que la vérité éclatât, que justice me fût rendue, j'aurais dû ne plus faiblir, imposer silence à mon cœur et attendre patiemment. Que veux-tu, je n'ai pas eu cette force d'âme ; le coup avait été trop dur, tout en moi se révoltait à la pensée du crime odieux pour lequel j'étais condamné. Mon cœur saignera tant que ce manteau d'infamie couvrira mes épaules.

Mais je te demande pardon si je t'ai parfois écrit des lettres exaltées ou plaintives qui ont dû augmenter encore ton immense chagrin. Ton cœur et le mien battent à l'unisson.

Sois donc certaine, ma chère et bonne Lucie, que je résisterai de toutes mes forces pour atteindre le jour où mon honneur me sera rendu. J'espère que ce jour viendra bientôt ; jusque là, il faut regarder devant nous.

Les nouvelles que tu me donnes de nos chers enfants m'ont également fait plaisir. Fais leur prendre beaucoup l'air; pour le moment, il ne faut penser qu'à leur donner de la santé et de la vigueur.

Courage donc encore, ma chère Lucie, sois forte et vaillante, que mon profond amour te soutienne et te guide; ma pensée ne te quitte pas un instant, de jour comme de nuit.

Donne de mes nouvelles à toute la famille, remercie-les tous de leurs bonnes et affectueuses lettres. Je ne me sens pas le courage de leur répondre; de quoi leur parlerais-je, d'ailleurs? Je n'ai qu'une pensée, toujours la même, celle de voir le jour où mon honneur me sera rendu. J'espère toujours qu'il est proche.

Embrasse tes chers parents, les enfants, tous les nôtres pour moi.

Quant à toi, je t'embrasse de toutes les forces de mon cœur,

ALFRED.

Inutile de m'envoyer quoi que ce soit comme linge ou comme aliments. J'ai reçu hier de Cayenne des conserves; j'y ai fait également demander du linge dont j'ai besoin.

On me remet la *Revue des Deux-Mondes*, la *Revue de Paris* et la *Revue Rose*. Continue donc à me les envoyer; tu pourras y joindre quelques romans de lecture facile.

Le 15 juin 1895.
(Samedi soir.)

Ma chère Lucie,

Je t'ai déjà écrit il y a quelques jours au reçu de tes lettres du commencement de mars et mon intention, par ce courrier, était de ne t'envoyer que quelques lignes de profonde affection, car que puis-je te dire que je ne t'aie répété dans toutes mes lettres? Mais en lisant tes chères lettres, en les relisant chaque jour, j'ai ressenti chaque fois, et pour un moment, un léger adoucissement à mes peines. Il me semble ainsi qu'on se rapproche, que l'on sent les cœurs comme autrefois battre l'un auprès de l'autre; c'est quelque chose de l'un qui vient retrouver l'autre. Sûr que tu éprouves la même sensation, je cède à l'impulsion de mon cœur qui voudrait tout faire pour apporter quelque adoucissement à ton horrible chagrin. C'est contraire à la raison, je le sais, car celle-ci me dit d'être calme et patient, que la lumière se fera, qu'il est impossible qu'il en soit autrement à notre époque, tandis que lorsque je t'écris c'est avec mon cœur et alors, malgré moi, tout vibre en moi contre cette épouvantable situation si opposée à l'état de nos âmes, pour qui l'honneur est tout. Je sens en moi une telle fièvre de combat, une telle puissance d'énergie pour déchirer le voile impénétrable qui pèse sur moi, entoure encore toute cette affaire, que je veux toujours vous les passer, quoique je sente très bien que votre sentiment à tous est le même. C'est un débordement inutile, je le sais aussi; mais tu sais non moins bien que toutes mes sensations sont violentes et profondes. Mon cœur saigne dans ce qu'il a de plus cher, il saigne pour toi, il saigne enfin pour nos chers enfants. C'est aussi te dire, ma chère Lucie, que c'est la volonté que j'ai de voir le nom que tu portes, que portent nos enfants redevenir ce qu'il a toujours été, pur et sans tache, qui me donne la force de tout surmonter.

Je vis concentré en moi-même, je ne vois ni n'entends plus rien. Mon cerveau seul vit encore, et toutes mes pensées sont concentrées sur toi, sur nos chers enfants, dans l'attente de mon honneur rendu.

Garde donc toujours ton beau courage, ma chère Lucie; j'espère que nous retrouverons bientôt le bonheur dont nous jouissions et dont nous jouirons plus encore après cette épouvantable épreuve, la plus grande qu'un homme puisse supporter.

Je t'embrasse bien fort,

ALFRED.

Le 16 juin.
(Dimanche.)

Je poursuis ma lettre, toujours pour les mêmes motifs. Et puis, c'est encore pour moi un bon moment que celui où je viens causer avec toi, non pas que j'aie quoi que ce soit d'intéressant à te dire, puisque je vis seul avec mes pensées, mais parce que je me sens alors auprès de toi. Je ne puis donc que te communiquer mes pensées, telles qu'elles se présentent à moi.

Une tristesse plus particulière m'envahit aujourd'hui; ce jour, en effet, nous le passions tout entier ensemble et nous le terminions chez tes chers parents. Mais mon cœur, ma conscience, ma raison enfin, me disent que ces heureux jours reviendront; je ne puis admettre qu'un innocent expie indéfiniment, pour un misérable, un crime aussi abominable, aussi odieux. Et puis, pour tout dire, ce qui doit te donner comme à moi-même une énergie indomptable, c'est la pensée de nos enfants. Comme je te l'ai déjà dit, car les idées qui visent un même sujet se reproduisent forcément, il nous faut notre honneur et nous n'avons pas le droit de faiblir; mieux vaudrait sans cela voir nos enfants mourir.

Quant à nos souffrances, elles sont égales pour nous tous. Crois-tu que je ne sens pas ce que tu souffres, toi qui es frappée doublement dans ton honneur et dans ton affection; crois-tu que je ne sens pas ce que souffrent tes parents, frères et sœurs, pour qui l'honneur n'est pas seulement un mot. J'espère d'ailleurs que notre malheur aura un terme et que ce terme est prochain. Jusque-là, il nous faut garder tout notre courage, toute notre énergie.

Remercie Mathieu des quelques mots qu'il m'a écrits. Comme ce pauvre garçon doit souffrir, lui, l'honneur incarné! Mais dis-lui que je suis avec lui par la pensée, que nos deux cœurs souffrent ensemble. Il y a des moments où il me semble qu'on est le jouet d'un horrible cauchemar, que tout cela n'est pas vrai, que ce n'est qu'un mauvais rêve... mais c'est, hélas, la vérité! Mais, pour le moment, nous devons écarter de nous toute pensée affaiblissante, les yeux uniquement fixés sur le but : notre honneur. Quand celui-ci me sera rendu et que je connaitrai les termes d'un problème insoluble pour moi, je comprendrai peut-être cette énigme qui déroute ma raison, qui laisse mon cerveau haletant.

J'attends donc ce moment, sûr qu'il viendra, je souhaite pour nous tous qu'il vienne bientôt, je l'espère même, tant est inébranlable ma foi en la justice; le mystère n'est pas de notre siècle, tout se découvre et doit se découvrir.

Ma journée de dimanche m'a paru moins longue

ainsi, ma chère Lucie, puisque j'ai pu causer avec toi. Quant à nos enfants, je n'ai pas de conseils à te donner ; je te connais, nos idées à ce sujet sont communes, tant au point de vue de l'éducation que de l'instruction. Courage toujours, chère Lucie, et mille baisers. N'oublie pas que je réponds à des lettres datant de trois mois, et que mes réponses peuvent par suite te paraître vieillottes.

Le 21 juin 1895.
(Vendredi.)

Chère Lucie,

Je continue notre conversation, puisque c'est, pour le moment le seul rayon de bonheur dont nous puissions jouir. Il est probable, et je l'espère, que mes réflexions ne correspondent plus à la situation du moment. Entre l'époque où tu recevras cette lettre et celle à laquelle tu as écrit les tiennes, il y aura un intervalle de plus de cinq mois ; dans un pareil laps de temps, la vérité fait bien du chemin.

Comme toi, comme vous tous, je suis, j'ai toujours été convaincu que tout se découvre avec le temps. Si j'ai fléchi parfois, c'est sous le poids de souffrances morales atroces, dans l'attente anxieuse de connaître enfin les termes d'une énigme qui m'échappe totalement.

Tu dois comprendre par quel sentiment de réserve je ne te parle, à aucun point de vue, de ma vie ici. D'ailleurs, les seules pensées qui m'agitent sont celles dont je t'entretiens ; pour le reste, je vis comme une mécanique inconsciente de son mouvement.

Il m'arrive parfois — et tu dois éprouver la même

sensation — tout éveillé et malgré tout ce qui m'entoure, de rester hébété, me répétant à moi-même Non, tout cela n'est pas arrivé, ce n'est pas possible c'est un drame du roman et non de la réalité ! Je ne puis m'expliquer cette inertie momentanée du cerveau que par la distance infranchissable qui existe entre l'état de ma conscience et ma situation présente.

Tu ne peux te figurer non plus quel soulagement m'apporte cette longue conversation avec toi. Je n'ose même pas me relire, tant je crains de retrouver ailleurs les mêmes idées exprimées peut-être d'une façon identique ; mais, pour toi comme pour moi, le vrai plaisir est de nous lire.

Quand j'ai le cœur trop gonflé, quand je suis saisi de l'horreur profonde de tout, je puise une nouvelle dose d'énergie dans tes yeux, dans l'image de nos chers enfants. Ton portrait, celui des enfants, sont en effet sur ma table, constamment sous mes yeux. Et puis, vois-tu, quand on perd sa fortune, quand on subit une déception de carrière ou autre, on peut, jusqu'à un certain point, faiblir en se disant : Eh bien, mes enfants se débrouilleront, cela vaudra peut-être mieux pour eux que d'être d'aimables fainéants ! — Mais ici, il s'agit de notre honneur, du leur. Faiblir, dans ces conditions, serait pour nous un crime impardonnable. Il faut donc, ma chère et bonne Lucie, accepter toutes nos souffrances, les surmonter jusqu'au jour où mon innocence sera reconnue. Ce jour-là seulement, nous aurons le droit de donner libre cours à nos larmes, de dégonfler nos cœurs.

J'espère toujours que ce jour-là viendra bientôt ;

chaque matin, je me réveille avec un nouvel espoir, et chaque soir, je me couche avec une nouvelle déception.

Je n'ai pas besoin de te dire que nous pouvons parler entre nous de nos douleurs — il faut bien que le trop plein des cœurs s'épanche parfois — mais qu'il faut les garder pour nous. D'ailleurs, je te sais digne et simple. Tes belles qualités que je n'avais fait, pour ainsi dire, qu'entrevoir dans le bonheur, se détachent en pleine lumière dans l'adversité.

Le 26 juin 1895.

Je termine aujourd'hui ce long bavardage afin de remettre ma lettre. Je voudrais causer ainsi avec toi matin et soir; mais, outre que je t'écrirais des volumes, les mêmes idées se reproduiraient sous ma plume. Fait pour l'action, j'en suis réduit, dans ma solitude, à revenir toujours au même sujet. La forme seule pourrait varier, suivant l'état du moment, mais l'idée resterait la même, parce qu'elle domine tout.

Embrasse longuement nos chers enfants pour moi. Je suppose que tu ne les garderas pas à Paris pendant les chaleurs. Donne-leur toujours beaucoup d'initiative dans les mouvements; laisse-les se développer librement et sans contrainte, afin d'en faire des êtres virils. Enfin, puise en eux, tout à la fois, ta consolation et ta force.

Maintenant, je n'ai plus qu'à te dire que je souhaite, que j'espère toujours que ce lugubre drame aura une fin prochaine. Ce serait tant à désirer pour tous, pour nous comme pour nos chères familles.

Ta pauvre chère mère, déjà si délicate, ton cher père auront besoin de repos et de calme après une tourmente aussi effroyable, aussi inimaginable, il faut bien le dire.

Bien souvent je me demande quel est l'état de votre santé à tous, avec des nouvelles aussi rares et aussi lointaines.

Et combien souvent, aussi, je fixe l'horizon, les yeux tournés vers la France, dans l'espoir que ce sera enfin le jour où ma patrie me rappellera à elle. En attendant ce jour, raidissons-nous, chère Lucie, puisons dans nos consciences et dans le devoir à remplir les forces qui nous sont si nécessaires.

Embrasse tous les nôtres pour moi, et pour toi les meilleurs baisers de ton dévoué mari,

ALFRED.

Le 2 juillet 1895.

Ma chère Lucie,

Quand cette lettre te parviendra, le jour de ta fête sera proche. Le seul souhait que je puisse formuler et qui est dans ton cœur comme il est dans le mien, c'est que j'apprenne bientôt qu'on nous rend avec notre honneur notre bonheur passé.

Ma conscience et ma raison me donnent la foi; le surnaturel n'est pas de ce monde, tout finit par se découvrir. Mais les heures d'attente sont longues et cruelles quand il s'agit d'une situation aussi épouvantable, aussi bien pour nous que pour nos familles.

Tes chères lettres du commencement de mars, — tu vois si je retarde — sont ma lecture quotidienne ; j'arrive ainsi, quoique bien loin de toi, à causer avec toi. Ma pensée, d'ailleurs, ne te quitte pas, ainsi que nos chers enfants.

J'attends avec impatience des nouvelles de ta santé et de celle de nos enfants. Encore de quand dateront-elles ?

Ma santé est bonne, mon cœur bat avec le tien et t'enveloppe de toute sa tendresse.

Je t'ai écrit deux longues lettres dans la dernière quinzaine de juin ; je ne pourrais que me répéter toujours ; aussi permets-moi de terminer en t'embrassant de toutes les forces de nos cœurs, ainsi que nos chers enfants.

Ton dévoué,

ALFRED.

Baisers à tous les nôtres.

Le 2 juillet, 11 heures soir.

Ma chère Lucie,

J'étais sans nouvelles de toi depuis le 7 mars. J'ai reçu ce soir tes lettres de mars et du commencement d'avril, qui étaient probablement retournées en France, puis de nouveau celles que tu as remises directement au ministère.

Je t'ai déjà écrit ce matin quelques mots, mais je veux vite répondre à tes lettres par le même courrier.

Pardon encore, si je t'ai causé de la peine par mes premières lettres. J'aurais dû te cacher mes atroces souffrances. Mais mon excuse est qu'il n'y a pas de douleur humaine comparable à celle que nous subissons.

J'espère que tu as reçu, depuis, mes nombreuses et longues lettres, elles ont dû te rassurer sur mon état physique et moral. Ma conviction n'a jamais varié; elle est dans ma conscience, dans la logique qui me dit que tout se découvre. La patience m'a manqué.

Ne parlons donc plus de nos souffrances. Remplissons simplement notre devoir, qui est de faire rendre à nos enfants l'honneur de leur père innocent d'un crime aussi abominable.

J'ai reçu également les lettres, datant de la même époque, de tes chers parents et de divers membres de nos familles. Embrasse-les de ma part et remercie-les. Dis à Mathieu que mon énergie morale est à la hauteur de la sienne.

Je t'embrasse de tout mon cœur ainsi que nos chers enfants.

Ton dévoué,

ALFRED.

Le 15 juillet 1895.

Ma chère Lucie,

Je t'ai écrit de si longues et de si nombreuses lettres pendant les quelques mois durant lesquels je suis resté sans nouvelles, que je t'ai dit et redit bien des fois toutes mes pensées, toutes mes douleurs. Permets-moi de ne plus revenir sur ces dernières. Quant à mes pensées, elles sont bien nettes aujourd'hui et ne varient plus, tu les connais.

Mon énergie s'emploie à étouffer les battements de mon cœur, à contenir mon impatience, d'apprendre enfin que mon innocence est reconnue partout et par tous. Si donc elle est toute passive, ton énergie au contraire doit être toute active et animée du souffle ardent qui alimente la mienne.

S'il ne s'agissait que de souffrir, ce ne serait rien. Mais il s'agit de l'honneur d'un nom, de la vie de nos enfants. Et je ne veux pas, tu m'entends bien, que nos enfants aient jamais à baisser la tête. Il faut que la lumière soit faite pleine et entière sur cette tragique histoire. Rien, par suite, ne doit ni te rebuter ni te lasser ; toutes les portes s'ouvrent, tous les cœurs battent devant une mère qui ne demande que la vérité, pour que ses enfants puissent vivre.

C'est presque de la tombe — ma situation y est comparable, avec la douleur en plus d'avoir un cœur — que je te dis ces paroles.

Remercie tes chers parents, nos frères et sœurs, ainsi que Lucie et Henri, de leurs bonnes et affectueuses lettres. Dis-leur tout le plaisir que j'ai à les lire et que, si je ne leur réponds pas directement, c'est que je ne saurais que me répéter toujours.

Embrasse bien tes chers parents pour moi, dis-leur toute mon affection. De longs et bons baisers aux enfants.

Quant à toi, ma chère et bonne Lucie, tes lettres sont ma lecture journalière. Continue à m'écrire longuement ; je vis ainsi mieux avec toi et avec mes chers enfants que par la pensée seule, qui, elle, ne vous quitte pas un seul instant.

Je t'embrasse de toutes les forces de mon cœur.

Ton dévoué,   ALFRED.

Je n'ai pas reçu l'envoi que tu m'annonçais, c'est-à-dire une éponge et du chocolat à la kola. Mais ne te fais nul souci de ma vie matérielle qui est largement assurée par les conserves qui me sont envoyées de Cayenne.

———

Le 27 juillet 1895.

Ma chère Lucie,

Je t'ai déjà écrit le 15 de ce mois. Je puis aujourd'hui te donner de mes nouvelles et te crier toujours, bien que j'ignore la situation à l'heure présente : Courage et foi !

Ma santé est bonne. L'âme domine le corps comme le reste. Jamais je n'admettrai l'idée que nos enfants puissent entrer dans la vie avec un nom déshonoré. C'est de cette pensée commune à tous deux que tu dois t'inspirer pour y puiser toute ton indomptable volonté.

Je n'ai jamais craint l'avenir. Mais il y a des situations morales qui sont telles, quand on ne les a pas méritées, qu'il faut en sortir, tant pour nous que pour nos enfants, que pour nos familles.

Quand on ne demande, quand on ne veut que la recherche de la vérité, la recherche des misérables qui ont commis le crime infâme et lâche, on peut se présenter partout, la tête haute.

Et cette vérité, il faut l'avoir et du dois l'avoir. Mon innocence doit être reconnue de tous. Je veux être avec toi et avec les enfants ce jour-là.

Baisers aux chers petits.

Je vis en eux et en toi.

Je t'embrasse de tout cœur.
Ton dévoué,

ALFRED.

J'espère recevoir de tes nouvelles dans quelques jours.

Le 2 Août 1895.

Ma chère Lucie,

Le courrier venant de Cayenne est arrivé hier J'espérais recevoir tes lettres, comme le mois dernier. Cet espoir a été déçu.

Que te dirai-je, ma chère et bonne Lucie, que je ne t'aie déjà dit et répété bien des fois ? Si j'ai subi le plus effroyable des supplices, si j'ai supporté aujourd'hui une situation morale dont tous les instants sont pour moi autant de blessures, c'est qu'innocent de cette horrible forfaiture, je veux mon honneur, l'honneur du nom que portent nos chers enfants.

Seul au monde, j'eusse probablement agi différemment, ne pouvant moi-même me faire rendre mon honneur. Oh! dans ce cas, je te jure bien que j'aurais eu le secret de cette machination infernale, j'eusse laissé à l'avenir le soin de réhabiliter ma mémoire. Si incompréhensible que soit pour moi ce drame, tout finit par se découvrir, même naturellement.

Mais il y avait toi, il y a nos enfants, qui portez mon nom; il y a ma famille, enfin. Il me fallait vivre, réclamer mon honneur, te soutenir de ma présence, de toute l'ardeur de mon âme, car, et ceci prime tout, il faut que nos enfants entrent dans la vie la tête haute. Et alors cette âme de patient, que je n'ai pas, que je n'aurai jamais, je me l'impose, car te est mon devoir.

J'ai eu des moments d'horrible désespoir, c'est vrai aussi; tout ce masque d'infamie que je porte à la place d'un misérable, me brûle le visage, me broie le cœur; tout enfin, tout mon être se révolte contre une situation morale si opposée à ce que je suis.

Je ne sais, ma chère Lucie, quelle est la situation à l'heure actuelle, puisque tes dernières lettres datent de plus de deux mois; mais dis-toi qu'une femme a tous les droits, droits sacrés s'il en fût, quand elle a à remplir la mission la plus élevée qui puisse malheureusement échoir à une épouse et à une mère.

Comme je te l'ai dit souvent aussi, tu n'as à demander que la recherche de la vérité. Tu dois certainement trouver, dans ceux qui dirigent les affaires de notre pays, des hommes de cœur qui seront émus de cette douleur immense d'une épouse et d'une mère, qui comprendront ce martyre effroyable d'un soldat pour qui l'honneur est tout, et je ne puis croire qu'on ne mette tout en œuvre pour t'aider à faire la lumière, à démasquer le ou les misérables, indignes de toute pitié, qui ont commis cet horrible forfait.

Je ne puis te donner que les conseils que me suggère mon cœur. Tu es meilleur juge que moi pour apprécier les moyens d'arriver à une réhabilitation prompte et complète.

Mais, ce que je puis te dire encore, c'est que là

seule préoccupation que tu doives avoir, c'est le souci de l'honneur du nom que tu portes, c'est d'assurer la vie future de nos enfants. Ce but, il faut et tu dois l'atteindre, par quelque moyen que ce soit. Il ne doit pas rester un seul Français qui puisse douter de mon honneur.

Ta mission est grande, tu es digne de la remplir. Quand l'honneur nous sera rendu — et je souhaite pour tous que ce soit bientôt — je consacrerai le restant de mes forces à te faire oublier, à toi aussi, ma pauvre chérie, ces terribles mois de douleur et de chagrin, car, plus que toute autre, tu mérites d'être heureuse et aimée pour ton grand cœur, ton admirable caractère.

Sois donc toujours forte et vaillante; que mon âme, ma profonde affection te soutiennent et te guident.

Ma pensée est constamment avec toi, avec nos chers petits, avec vous tous.

Baisers aux enfants, à tous.

Je t'embrasse de toutes mes forces,

ALFRED.

Le 2 Août.
(Huit heures du soir.)

Je venais de terminer cette lettre pour qu'elle parte encore demain pour Cayenne, quand on m'a apporté ton courrier du mois d'avril, tes lettres des mois de juin, ainsi que celles de toute la famille. Je viens de lire rapidement tes lettres; j'y répondrai plus longuement par le prochain courrier.

Je n'ai rien à changer à ce que je viens de t'écrire. Si épouvantable que soit pour moi la situation morale qui m'est faite, si broyé que soit mon cœur, je resterai debout jusqu'à mon dernier souffle, car je veux mon honneur, le tien, celui de nos enfants.

Mes amis, je n'ai jamais douté d'eux. Ils me connaissent. Mais ce qu'il faut, ce que je veux, c'est la lumière éclatante et telle que personne, dans notre cher pays, puisse douter de mon honneur. C'est tout mon honneur de soldat que je veux. Cette mission, je te la confie, je vous la confie. Tu la mèneras à bien, je n'en ai nul doute.

Je t'embrasse, ainsi que nos chers enfants.

Ton dévoué,

ALFRED.

Le 22 août 1895.

Ma chère Lucie,

Je t'ai écrit deux longues lettres au commencement du mois, le 2 et le 5 août. J'espère que les deux auront pu prendre le bateau anglais.

Il y a donc longtemps que je ne suis venu causer avec toi. Ce n'est pas le désir qui m'en a manqué, tout mon cœur est avec toi. Combien de fois ai-je pris la plume, puis l'ai de nouveau rejetée !

A quoi bon remuer toujours de telles douleurs ! En dehors de ta santé, de celle des enfants, comme de celle de tous les nôtres, je n'ai qu'une pensée et elle m'oblige à vivre, celle de notre honneur.

Tu me pardonneras si je t'ai parfois présenté mes idées sous une forme un peu vive. Mais que veux-tu, si je fais mon devoir, tout mon devoir, sans faiblir, ce n'est pas que mon cœur ne tressaille et saigne d'une situation aussi infâme et aussi imméritée, et sa douleur est faite non seulement de la mienne, mais de la tienne, de celle de tous ceux que j'aime.

Et puis, dis-toi aussi que je suis obligé de me dominer de nuit comme de jour, sans un moment de répit, que je n'ouvre jamais la bouche, que je n'ai pas un instant de détente et qu'alors, lorsque je t'écris, avec tout mon cœur, tout ce qui en moi crie justice et vérité vient malgré moi sous ma plume.

Mais ce que je te dirai toujours, tant que mon cœur battra, c'est qu'au dessus de nos douleurs — oh ! si horribles qu'elles soient — avant la vie, il y a l'honneur et que cet honneur, qui nous appartient, doit nous rester : c'est le patrimoine de nos enfants Donc, toujours et encore courage, ma chère Lucie, tant que nous n'aurons pas vu le dénouement de cet horrible drame..., mais souhaitons pour tous qu'il vienne bientôt.

Embrasse tes chers parents, tous les nôtres pour moi. Dis-leur ma profonde affection et combien je pense à eux tous. Quant à toi, ma chère Lucie, des consolations je ne puis t'en donner. Il n'y en a ni pour toi, ni pour moi, pour de pareils malheurs. Mais ta conscience, le sentiment des grands devoirs que tu as à remplir, doivent te donner des forces invincibles. Et puis, quand le jour de la justice luira pour nous, nous trouverons notre consolation dans notre affection profonde.

Mille baisers pour toi et nos chers enfants.
Ton dévoué,

ALFRED.

Le 27 août 1895.

J'ajoute quelques mots avant de remettre cette lettre, pour t'envoyer encore l'écho de ma profonde affection, te dire combien j'ai pensé à toi le jour de ta fête — guère plus il est vrai que les autres jours, cela n'est pas possible — pour t'embrasser de tout cœur et te dire courage et toujours courage !

Ah ! souffrir sous toutes les formes, je sais ce que cela est, je te le jure. Depuis le temps que cela dure, mon cœur n'est qu'une plaie qui saigne chaque jour et à chaque heure et qui ne pourra se cicatriser que lorsque j'apprendrai enfin que mon innocence est reconnue.

Vois-tu, l'esprit reste parfois hébété et perplexe de voir dans notre siècle se produire des erreurs pareilles et qui puissent subsister un tel temps, sans qu'on fasse la lumière ! Mais ne crains rien, si je souffre au delà de toute expression, comme toi, comme vous tous, d'ailleurs, l'âme reste vaillante et elle fera son devoir jusqu'au bout, pour toi, pour nos enfants. Ah ! mais souhaitons que cette situation épouvantable, invraisemblable, prenne bientôt fin et que nous sortions enfin de cet horrible cauchemar dans lequel nous vivons depuis plus de dix mois !

Embrasse bien aussi nos chers petits pour moi.

Le 7 septembre 1895.

Ma chère Lucie,

Je reçois aujourd'hui seulement tes lettres du mois de Juillet ainsi que celles de la famille.

Je fais bien souvent comme toi. A certains moments où le cœur trop gonflé déborde, je relis toutes tes chères lettres, et je pleure avec toi, car je ne crois pas que deux êtres qui placent l'honneur au-dessus de tout, et avec eux leurs familles, aient jamais subi un martyre plus grand que le nôtre.

Je souffre et je n'en ai pas honte, comme toi, comme vous tous d'ailleurs. Mon cœur, nuit et jour, demande son honneur, le tien, celui de nos enfants. Une situation pareille est tragique et le supplice devient trop grand pour tous.

Les uns ou les autres finiront par y succomber, pour peu que cela dure. Eh bien! ma chère Lucie, cela ne doit pas être. Il nous faut d'abord notre honneur, celui de nos enfants. On ne se laisse pas accabler par un destin aussi infâme quand on ne l'a pas mérité.

Si naturels, si légitimes que soient les cris de douleur d'âmes qui souffrent au delà du vraisemblable, gémir, ma chère Lucie, ne sert à rien. Si, lorsque tu recevras cette lettre, la situation n'est pas éclaircie, je pense qu'il sera temps, avec le courage, l'énergie que donne le devoir, avec la force invincible que donne l'innocence, que tu fasses des démarches personnelles pour qu'on répande enfin la lumière sur cette tragique histoire. Tu n'as à demander ni grâce ni faveur, mais la recherche de la vérité, du misérable qui a écrit cette lettre infâme, justice pour nous tous, enfin! Tu trouveras, d'ailleurs, dans ton cœur des paroles plus éloquentes que celles qu'une simple lettre pourrait contenir. Il faut, en un mot, avoir enfin l'énigme de ce drame, par quelque moyen que ce soit. Tes qualités d'épouse et de mère te donnent tous les droits et doivent te donner tous les courages.

A ce que je ressens, au point où en est mon cœur, je sens trop bien où vous en êtes tous et je vous vois, dans mes longues nuits, souffrir et hurler de douleur avec moi.

Il faut que cela finisse. On ne peut cependant pas, dans notre siècle, laisser ainsi agoniser deux familles sans éclaircir un pareil mystère. La lumière peut être faite quand on voudra bien la faire. Donc, ma chère Lucie, tout en conservant la dignité qui ne doit jamais t'abandonner, sois forte, courageuse et énergique. Grands ou humbles, nous sommes tous égaux quand il s'agit de justice, et cet honneur auquel je n'ai pas forfait, qui est le patrimoine de nos enfants, doit nous être rendu. Je veux être avec toi et avec nos enfants ce jour-là.

Baisers à tous. Je t'embrasse de toutes mes forces ainsi que nos chers enfants.

Ton devoué, ALFRED.

Le 7 septembre.
(Soir.)

Avant de remettre cette lettre, pour qu'elle parte encore par le bateau anglais, je veux y ajouter quelques mots; tout mon cœur, mes pensées sont avec toi et avec nos chers enfants.

Je viens de relire tes chères lettres et je n'ai pas besoin de te dire que je les relirai encore souvent jusqu'au prochain courrier. Les journées sont longues, seul, en tête à tête avec soi-même, sans jamais prononcer une parole.

Que mon âme t'inspire, ma chère Lucie, car je sens bien que pour tes chers parents, pour tous enfin, comme pour nous, il faut que ce drame finisse. Dusses-tu frapper à toutes les portes, il faut avoir l'énigme de cette machination infernale qui nous a enlevé ce qui fait vivre et ce qu'il nous faut : notre honneur.

Quant à nos chers enfants, embrasse-les de tout cœur pour moi. Les quelques mots que Pierre ajoute à chaque lettre me font plaisir. C'est pour toi et pour eux que j'ai eu la force de tout supporter et je veux voir le jour où l'honneur nous sera rendu. Et cela, je le veux fortement, puissamment, avec toute l'énergie d'un homme qui place l'honneur au-dessus de tout. Puisse ce vœu se réaliser bientôt! Tu dois tout faire pour qu'il s'accomplisse.

Je t'embrasse encore avec toute mon âme.

Ton dévoué,

ALFRED.

Embrasse tes chers parents, tous les nôtres pour moi.

Le 27 septembre 1895.

Ma chère Lucie,

Depuis près d'un an je lutte avec ma conscience contre la fatalité la plus inexplicable qui puisse s'acharner après un homme.

Parfois, je suis tellement harassé, tellement dégoûté que je suis comme le soldat, qui, épuisé par de longues fatigues, s'étend au revers d'un fossé, préférant en finir là avec la vie.

L'âme me réveille, le devoir m'oblige à me ressaisir ; tout mon être se raidit alors dans un suprême effort, car je veux me voir encore entre mes enfants et toi, le jour où l'honneur nous sera rendu.

Mais c'est une véritable agonie qui se renouvelle chaque jour ; c'est un supplice aussi horrible qu'immérité.

Si je te dis tout cela, si je t'ai parfois laissé entrevoir combien ma vie était horrible, combien cette situation d'infamie, dont les effets sont de chaque jour, broie tout mon être, révolte mon cœur, ce n'est pas pour me plaindre, mais pour te dire encore que si j'ai vécu, si j'arrive à vivre, c'est que je veux mon honneur, le tien, celui de nos enfants.

Que ton âme, ton énergie soient donc à hauteur de circonstances aussi tragiques, car il faut que cela finisse.

C'est pourquoi je t'ai dit, dans ma lettre du 7 septembre, que si, quand tu recevras ces lettres, la situation n'était pas nettement éclaircie, il t'appartenait, à toi personnellement, de faire des démarches auprès des pouvoirs publics, pour qu'on fasse enfin la lumière sur cette tragique histoire.

Tu as le droit de te présenter partout la tête haute, car ce que tu viens réclamer, ce ne sont ni grâces ni faveurs, ni même convictions morales, si légitimes qu'elles puissent être, mais la recherche, la découverte des misérables qui ont commis le crime infâme et lâche. Le Gouvernement a tous les moyens pour cela.

Des lettres ne servent à rien, ma chère Lucie. C'est par toi-même qu'il faut agir. Ce que tu as à dire prendra, en passant par ta bouche, une force, une puissance que le papier et l'écriture ne donnent point.

Donc, ma chère Lucie, forte de ta conscience, de tes qualités d'épouse et de mère, fais des démarches sans te lasser, jusqu'à ce que justice nous soit rendue.

Et cette justice que tu dois demander énergiquement, résolument, avec toute ton âme, c'est qu'on fasse la lumière entière, complète, sur cette machination dont nous sommes les malheureuses et épouvantables victimes. D'ailleurs, tu sais ce que tu as à dire, et il faut le dire carrément, fièrement.

Vois-tu, ma chère Lucie, c'était mon opinion du premier jour. J'aurais, sans bruit aucun, sans faire intervenir personne, sinon mon introducteur, pris un enfant par chaque main, et j'aurais été demander justice partout, sans relâche, jusqu'à ce que les coupables eussent été démasqués. Le moyen est héroïque, mais il est le meilleur, car il part du cœur et s'adresse aux cœurs, au sentiment de justice inné en chacun de nous, quand il n'est pas guidé par ses passions. Il procède de la force que vous donne l'innocence, du devoir à remplir, et ne connaît pas d'obstacles. Il est digne enfin d'une femme qui ne demande que la justice, pour son mari, pour ses enfants.

Il ne doit pas être dit que dans notre siècle un misérable aura impunément brisé la vie de deux familles.

Courage donc, ma chère Lucie, et agis résolument. Baisers à tous. Je t'embrasse de toutes mes forces, ainsi que nos chers et adorés enfants.

Ton dévoué,

ALFRED.

Depuis ton envoi du mois de juin, je n'ai plus reçu ni livres ni revues. Je pensais que tu continuerais à m'envoyer, chaque mois directement, des livres et des revues. Pense à mon tête à tête perpétuel avec moi-même, plus silencieux qu'un trappiste, dans l'isolement le plus profond, en proie à mes tristes pensées, sur un rocher perdu, ne me soutenant que par la force du devoir.

Le 4 octobre 1895.

Ma chère Lucie,

Je viens de recevoir tes chères lettres du mois d'août, si impatiemment attendues chaque mois, ainsi que toutes celles de la famille.

Écris-moi toujours longuement. J'éprouve une joie enfantine à te lire, car il me semble ainsi t'entendre causer, sentir ton cœur battre près du mien.

Quand tu souffriras trop, prends la plume et viens causer avec moi.

Merci des bonnes nouvelles que tu me donnes des enfants. Embrasse-les longuement de ma part.

Mon corps, chère Lucie, est indifférent à tout, mû par une force presque surhumaine, par une puissance supérieure : le souci de notre honneur.

C'est le devoir sacré que j'ai à remplir vis-à-vis de toi, de nos enfants, des miens, qui remplit mon âme, qui la gouverne et qui fait taire mon cœur ulcéré... Autrement le fardeau serait trop lourd pour des épaules humaines.

Assez gémi, chère Lucie, cela n'avance à rien. Il faut que ce supplice épouvantable de tous finisse. Fort de mon innocence, marche droit à ton but, silencieusement, sans bruit, mais franchement et énergiquement, dusses-tu porter la question devant les têtes les plus hautes. Il n'y a pas de cœur humain qui reste insensible aux supplications d'une femme qui vient, entourée de ses enfants, demander qu'on démasque enfin les coupables, justice pour de malheureuses et épouvantables victimes. Pas de retour sur le passé, mais parle avec ton cœur, tout ton cœur. Ce drame dont nous souffrons est assez poignant dans sa simplicité même.

Agis donc comme je te l'ai dit dans mes lettres du 7 et du 27 septembre, franchement, résolument, avec l'âme d'une femme qui a à défendre l'honneur, c'est-à-dire la vie de son mari, de ses enfants.

Ne t'abandonne pas dans la douleur, ma chère et bonne Lucie, cela ne sert à rien. Passe des paroles aux actes et sois grande et digne par les actes.

Embrasse tes chers parents, tous les nôtres pour moi. Remercie-les de leurs bonnes et affectueuses lettres, ainsi que ta chère tante pour les lignes émues qu'elle m'a écrites. Je ne leur écris pas directement, quoique mon cœur soit nuit et jour avec tous, car je ne pourrais que me répéter toujours.

Courage donc, chère Lucie, il faut que nous voyions tous la fin de ce drame.

Je t'embrasse de toutes mes forces, de toute mon âme, ainsi que nos chers enfants.

Ton dévoué,

ALFRED.

Les livres que tu m'as envoyés me sont annoncés, mais je ne les ai pas encore reçus. Merci. J'en avais grand besoin, car la lecture peut seule distraire un peu ma pensée.

Le 5 octobre 1895.

Ma chère Lucie,

Je t'ai déjà écrit hier, mais après avoir lu et relu toutes les lettres arrivées par ce courrier, il s'en élevait un tel cri de souffrance, un tel cri d'agonie, que tout mon être en a été profondément secoué.

Vous souffrez pour moi, je souffre pour vous.

Non, il n'est pas possible, il n'est pas permis qu'une famille toute entière subisse un martyre pareil.

A force d'attendre, nous serons tous par terre. Cela ne doit pas être, il y a nos enfants avant tout.

Je viens encore d'écrire directement à M. le Président de la République. Je ne puis agir que par la plume — c'est peu de chose — je ne puis que te soutenir de toute l'ardeur de mon âme. Il faut que, de ton côté, tu agisses énergiquement, résolument.

Quand on est innocent, quand on ne demande que la justice, l'éclaircissement de cet horrible mystère, on est fort et invincible.

Jette, s'il le faut, nos chers enfants aux pieds de M. le Président et demande justice pour eux, pour leur père.

Sois héroïque par tes actes, ma chère Lucie, c'est à toi que ce devoir incombe.

Encore une fois, ce n'est ni bruit, ni grincements de dents qu'il faut, mais une volonté indomptable que rien ne rebute.

Je te soutiens d'ici, à travers les distances, avec mon cœur, avec toutes les forces vives de mon être, avec mon âme de Français, d'honnête homme, de père qui veut son honneur, celui de ses enfants.

Je t'embrasse du plus profond de mon cœur.

Ton dévoué, ALFRED.

Le 26 octobre 1895.

Ma chère Lucie,

Je ne puis guère que te confirmer mes lettres du 3 et du 5 octobre, comme celle du 27 septembre.

Nous usons tous deux nos forces dans une attente, dans une situation aussi terrible qu'imméritée, et elles finiront par nous manquer, car tout a une limite. Or, il y a nos enfants, auxquels nous nous devons, auxquels il faut leur honneur avant tout. C'est pourquoi, vibrant de douleur, non seulement pour tout ce que nous souffrons tous deux depuis si longtemps, pour ce martyre effroyable de toute une famille, j'ai écrit à M. le Président de la République. Je t'ai écrit mes dernières lettres pour te dire qu'il fallait agir en allant droit au but, le front haut, en innocents qui ne demandent ni grâces ni faveurs, mais qui veulent la lumière, justice enfin. Si l'on peut fléchir sous certains malheurs, jamais on n'accepte le déshonneur quand on ne l'a pas mérité.

Notre supplice, qui n'est pas de notre époque, a assez duré, trop duré.

Donc, de l'énergie, ma chère Lucie, et une énergie active, agissante, qui doit triompher, car elle est appuyée sur le bon droit, car elle ne veut que la lumière, le grand jour, l'éclaircissement de cette affaire. Nous ne sommes pas en face d'un mystère insondable.

Comme je te l'ai dit, ce ne sont ni pleurs qui usent, ni paroles inutiles qu'il faut, ce sont des actes.

L'honneur d'un homme, de ses enfants, de deux familles, plane au-dessus de toutes les passions, de tous les intérêts. Agis donc, ma chère Lucie, avec **l'âme héroïque d'une femme qui a une noble mission** à remplir, dusses-tu porter la question partout, devant les têtes les plus hautes, et j'espère apprendre bientôt que cet épouvantable supplice a enfin un terme.

Baisers à tous.

Je t'embrasse, ainsi que nos chers enfants, avec toute la force de mon affection;

ALFRED.

Le 26 octobre 1895.
(au soir.)

Avant de faire partir cette lettre, je veux encore y ajouter quelques mots, car il me semble ainsi me rapprocher de toi, causer près de toi, comme au temps heureux où nous bavardions au coin de notre feu. Et puis, ce sont les seuls moments où je cause, et, si je n'écoutais que mon désir, je voudrais causer ainsi avec toi tous les jours, à toutes les heures du jour; mais ce seraient toujours les mêmes paroles.

Si je gémis parfois, c'est que tel que tu me connais — et tu sais bien que je ne suis ni un résigné, ni un patient — le supplice est trop grand, les heures deviennent trop lourdes. Je ne me fais pas plus fort que je ne suis. Si j'arrive encore à résister je t'ai dit pourquoi, je ne veux pas y revenir.

Mais si j'en suis réduit à gémir, à me croiser les bras devant la douleur la plus épouvantable que puisse ressentir un cœur honnête et ardent de soldat, frappé non seulement lui-même, mais dans sa femme, dans ses enfants, dans les siens, je te dis à toi, comme à vous tous : de l'âme, de l'énergie personnelle! Quand on subit un malheur aussi immérité, on en sort, et l'on en sort non pas par des pleurs ou des récriminations, mais en allant droit au but, qui est notre honneur, avec une énergie active, infatigable, qui doit être aussi grande que les circonstances l'exigent. Il y a enfin une justice en ce monde et il n'est pas possible que des innocents subissent un martyre pareil. D'ailleurs, je ne fais que me répéter et je ne puis que me répéter ; mes sentiments n'ont pas varié. Tout cela plutôt pour bavarder avec toi que pour autre chose, pour faire passer une heure de nos longues nuits, car, comme je te l'ai dit, j'attends maintenant le résultat de tes efforts et de tes démarches, qui, je pense, ne tardera plus, et j'espère que je verrai bientôt le jour où je pourrai enfin respirer, me détendre un peu. Il en serait temps, je te l'assure.

Encore de bons baisers pour toi, pour les enfants,

ALFRED.

Le 4 novembre 1895.

Ma chère Lucie,

Le courrier venant de Cayenne est arrivé et il ne m'a pas apporté de lettres. Je suis donc sans nouvelles de toi, des enfants, depuis le 25 août. Mais je ne veux pas laisser partir le courrier anglais sans t'écrire quelques mots ; je ne serai pas long, car la douleur fait trembler ma plume sous mes doigts.

Je pense, ma chère Lucie, que tu es maintenant en possession de mes dernières lettres, que tu agis aussi toi-même avec l'âme héroïque d'une femme, que tu demandes la vérité partout, justice enfin pour d'épouvantables victimes, que chaque jour est une journée employée ainsi, jusqu'à ce que la lumière soit faite, jusqu'à ce que l'honneur nous soit rendu.

Je pense donc apprendre bientôt que cet épouvantable martyre a enfin un terme. Je n'ai pas besoin de te rappeler de demander à m'envoyer une dépêche quand tu auras une nouvelle heureuse à m'annoncer. Les journées sont longues, les heures lourdes, quand on souffre ainsi et depuis si longtemps.

Je t'embrasse de toutes mes forces, ainsi que les enfants.

Ton dévoué,

ALFRED.

Baisers à tous.

Le 20 novembre 1895.

Ma chère Lucie,

J'ai reçu le 11 tes chères et bonnes lettres du mois de septembre, ainsi que toutes celles de la famille. Je n'ai pas besoin de te dire la joie intense que j'ai éprouvée à te lire.

Merci de ton bon souvenir pour le jour de ma fête. Je ne veux pas insister, car il ne s'agit plus de se laisser aller à des souvenirs attendrissants; il nous faut maintenant, comme tu le dis si bien, la réalité, la vérité.

Quand on souffre d'une manière si atroce et depuis si longtemps, les énergies, les activités surtout doivent grandir avec les souffrances que l'on endure.

Forte de ta conscience, tu as le droit, je dis même le devoir, de tout tenter, de tout oser, pour avoir la lumière sur cette tragique histoire, pour nous faire rendre enfin notre honneur, celui de nos enfants.

Comme je te l'ai dit, il ne s'agit plus d'attendre, dans une situation aussi horrible qu'imméritée, qui nous jetterait tous par terre, un événement heureux, beaucoup trop attendu déjà.

Tu es d'ailleurs en possession de mes lettres du mois d'octobre, tu dois agir avec la force que donne l'innocence, avec la puissance que procure un noble devoir à remplir.

Si je t'ai dit de demander de faire faire la lumière par tous les moyens, même par les moyens héroïques, c'est qu'il y a des situations qui sont trop fortes quand on ne les a pas méritées et qu'il faut en finir.

D'ailleurs, nos âmes ne font qu'une, elles vibrent à l'unisson, et ce que je t'ai dit a certainement fait tressaillir et vibrer la tienne.

J'attends donc maintenant la fin de cet horrible drame et je compte les jours.

Merci des bonnes nouvelles que tu me donnes des enfants. Embrasse-les longuement de ma part, en attendant que je puisse le faire moi-même.

Mes meilleurs baisers pour toi de ton dévoué,

ALFRED.

Embrasse tes chers parents, tous les nôtres pour moi.

Je ne sais par quelle voie tu m'as envoyé les livres et les revues que tu m'annonçais dans tes lettres du 25 août; mais, ce qu'il y a de certain, c'est qu'ils ne sont pas encore arrivés à la Guyane.

Le 27 décembre 1895.

Ma chère Lucie,

Je n'ai pas encore reçu tes chères lettres du mois d'octobre ! Ni le courrier français du mois de novembre, ni le courrier anglais du mois de décembre ne les ont apportées ! Qu'est-ce que cela signifie ? Qu'en penser ? Dans quel horrible cauchemar vis-je depuis tantôt quinze mois ?

Enfin, souffrir, hélas ! ma pauvre chérie, nous savons tous deux ce que cela est, et peu importent d'ailleurs les souffrances, car quelles qu'elles soient il te faut notre honneur, celui de nos enfants.

Je t'ai écrit longuement le 2 décembre ; ajouter quelque chose à cette lettre, comme d'ailleurs à toutes les précédentes, serait bien superflu, n'est-ce pas ? Nos pensées sont communes, nos cœurs ont toujours battu à l'unisson, nos âmes vibrent aujourd'hui ensemble et veulent leur honneur avec l'ardeur brûlante d'êtres honnêtes frappés dans ce qu'ils ont de plus précieux.

J'attends avec une impatience fébrile de tes nouvelles. Je pense qu'elles finiront bien par me parvenir, je dirais même que j'attends presque chaque jour une nouvelle heureuse et j'espère apprendre enfin quelque chose de certain, de positif, que la lumière est faite, tout au moins en bonne voie de se faire, sur cette lugubre et triste histoire.

Laisse-moi te dire simplement aujourd'hui que ta pensée, celle de nos chers enfants, me donnent seules encore la force de vivre ces longues journées et ces interminables nuits. Je t'embrasse de toutes mes forces comme je t'aime, ainsi que nos chers et adorés enfants.

Ton dévoué, ALFRED.

Baisers à tes chers parents, à tous les nôtres.

Depuis de longs mois aussi, je ne reçois plus ni livres ni revues. L'envoi que tu m'annonçais dans ta lettre du mois d'août ne m'est pas encore parvenu! C'est à n'y rien comprendre.

Je pensais que tu continuerais à m'envoyer chaque mois, directement, les revues et quelques colis postaux de livres. Aussi suis-je tout le jour, autant ajouter presque toute la nuit, sans une minute, sans une seconde d'oubli, à contempler les quatre murs de mon cabanon. Enfin, peu importe ; mais tu ferais bien de t'informer ce que sont devenus ces livres.

Le 31 décembre 1895.

Ma chère Lucie,

Je t'ai écrit il y a quelques jours pour te dire que je n'avais pas encore reçu ton courrier du mois d'octobre. Enfin, après une longue et terrible attente, je viens de recevoir ton courrier du mois d'octobre, en même temps que celui du mois de novembre.

Comme je te cause parfois de la peine, ma pauvre chérie, par mes lettres, et tu souffres déjà tant! Mais c'est parfois plus fort que moi, tant je voudrais voir la fin de cet horrible drame, car je donnerais volontiers mon sang goutte à goutte pour apprendre enfin que mon innocence est reconnue, que les scélérats doublement criminels sont démasqués.

Mais quand je souffre trop, quand je défaille devant cette vie de souvenirs hallucinants, de contrainte de **toutes mes forces physiques et intellectuelles...** je murmure tout bas trois noms qui sont mon talisman, qui me font vivre : le tien, ceux de nos chers petits Pierre et Jeanne.

Espérons que nous verrons bientôt la fin de cet horrible drame. T'écrire longuement, je ne le puis, car que pourrais-je te dire qui ne nous soit commun ? Je vis en toi du matin au soir et du soir au matin; toutes mes facultés sont tendues vers le but qu'il faut atteindre, que tu atteindras, tout mon honneur de soldat, tout l'honneur de nos enfants!

Je te donne peut-être parfois des conseils extravagants, issus des rêveries d'un solitaire qui souffre le martyre, martyre fait non seulement de sa douleur, mais de la tienne, de celle de vous tous... et cependant je sais bien que vous êtes meilleurs juges que moi pour apprécier les moyens d'arriver à ma réhabilitation complète, éclatante. Je vais passer une bonne partie de la nuit, de bien longues journées à lire et relire tes chères lettres, à vivre avec toi, à te soutenir par la pensée, de toutes mes forces, de toute mon ardeur, de toute ma volonté.

Ma santé est bonne, ne te fais nul souci à cet égard. Pour te rassurer, d'ailleurs, j'ai demandé à t'envoyer une dépêche, je pense qu'elle te parviendra. J'espère que ta santé, comme celle de vous tous, est bonne aussi; il faut te soutenir physiquement pour avoir les forces nécessaires pour arriver à ton but.

Souhaitons que nous puissions bientôt oublier, l'un près de l'autre, entre nos chers enfants, les péripéties de cet horrible drame. Dis-toi aussi, dites vous tous, que si parfois j'exhale des cris de douleur effrayants, c'est que je suis toujours aussi silencieux qu'un mort, que je n'ai que le papier, — mais que cris de douleur, cris de souffrance, de quelques noms qu'ils se nomment, le cœur est toujours vaillant s'il ne sait pas toujours se taire.

J'attends donc, comme tu me le demandes, et j'attendrai jusqu'au jour que la lumière soit enfin faite.

De longs et bons baisers à nos chers enfants. Bien souvent je contemple leurs portraits et je cherche à voir ce qu'ils sont aujourd'hui.

Ah! chère Lucie, dis-toi bien que, dans mes moments de détresse, j'ai ces trois noms qui sont mon soutien, qui sont ma sauvegarde, qui me font relever quand je tombe, car il faut que nos enfants entrent dans la vie la tête haute.

Je t'embrasse comme je t'aime, de toutes mes forces,

ALFRED.

Le 3 janvier 1896.

Ma chère Lucie,

Je lis et relis avec avidité tes chères lettres d'octobre et de novembre, et, quoique je t'aie écrit déjà le 31 décembre, je veux encore venir causer avec toi.

Tes lettres ne sauraient augmenter mon affection, mais elles m'inspirent une admiration chaque jour plus grande pour ton caractère, ton grand cœur, et je me fais honte à moi-même de ne pas savoir mieux souffrir, de t'écrire parfois des lettres aussi nerveuses et aussi troublantes.

Quant au but, je n'ai jamais varié. Innocent, il faut que mon innocence éclate, que notre nom redevienne ce qu'il mérite d'être. Mais tu dois comprendre aussi que les souffrances sont parfois si aiguës, les révoltes si violentes, que les cris de douleur s'exhalent malgré soi, et qu'on voudrait, aux dépens de tout, avoir enfin l'énigme de cette monstrueuse affaire, faire jaillir la vérité, faire triompher la justice.

Des découragements, je n'en ai jamais eu, je n'ai jamais douté qu'une volonté, forte de son innocence et du devoir à remplir, n'atteigne son but. J'ai eu, j'aurai peut être encore des impatiences fébriles, qui sont les révoltes de mon âme ardente depuis si longtemps foulée aux pieds, accrues encore par ce silence sépulcral, ce climat énervant, l'absence souvent de nouvelles, sans rien à faire, parfois sans rien à lire. Mais si ma nervosité a été extrême pendant le dernier trimestre de 95, la période la plus chaude, la plus mauvaise à la Guyane, mon courage n'a jamais faibli, car c'est lui qui m'a soutenu, m'a permis de doubler ce cap redoutable sans fléchir. Ne prête donc aucune attention à cette nervosité qui éclate parfois ; dis-toi que je veux être avec toi, à tes côtés, le jour où l'honneur nous sera rendu.

Ta volonté comme celle de tous doit être ce qu'elle a toujours été, aussi grande, aussi indomptable que calme et réfléchie.

Ma santé est bonne ; mon corps, indifférent à tout, n'est animé que d'une seule pensée, commune à nous tous, commune, comme dit ta chère mère, à tout un faisceau de cœurs qui vibre de douleur, vit pour son honneur, si injustement arraché.

Dis-toi aussi que, si j'ai parfois des moments de faiblesse personnelle, sous les chocs répétés de l'heure présente, j'ai un talisman qui me remonte, qui me ranime, ta pensée, celle des enfants, mon devoir enfin.

Les lignes où tu me parles des chers enfants m'ont fait aussi bien plaisir; elles me permettent de me les représenter par la pensée.

Embrasse bien fort ces chéris pour moi.

Donc, ma chère et bonne Lucie, toujours courage, toujours la tête haute, jusqu'à ce que nous puissions, l'un près de l'autre, oublier cet horrible drame. Souhaitons pour tous que ce moment vienne bientôt !

Je t'embrasse comme je t'aime.

Ton dévoué,

ALFRED.

Baisers à tous.

Le 26 janvier 1896.

Tu me demandes, ma chère et bonne Lucie, de t'écrire longuement. Que puis-je te dire encore que tu ne sentes en ton cœur mieux que je ne saurai te le dire? Mon cœur est toujours avec toi, déchiré de te sentir souffrir d'une manière aussi imméritée et de ne rien pouvoir faire pour toi que d'endurer des souffrances égales; mon âme, nuit et jour, est auprès de toi, pour te soutenir et t'animer de son ardente volonté. D'ailleurs, je ne puis que me le répéter toujours : le but est tout ; l'honneur de notre nom, de nos enfants; et il faut l'atteindre, envers et contre tous. Mais la situation est si atroce, aussi bien pour toi que pour moi, que les activités qui doivent être de tous les genres, comme de toutes les heures, loin de faiblir, doivent au contraire grandir encore et s'ingénier à faire la lumière le plus vivement possible.

Ma santé est bonne. Je continue à lutter contre tout, pour être présent, entre mes enfants et toi, le jour où l'honneur nous sera rendu. Je souhaite ardemment, pour toi comme pour moi, que ce jour ne tarde plus trop.

Je pense recevoir dans quelques jours de tes nouvelles, et, comme toujours, je les attends avec une impatience fébrile. Je t'écrirai plus longuement quand je les aurai reçues.

Embrasse beaucoup, beaucoup les deux enfants pour moi; leurs chères petites lettres, comme les tiennes, comme celles de tous les nôtres, sont ma lecture journalière; je n'ai pas besoin de te dire la bonne émotion qu'elles me causent. Reçois pour toi les plus tendres, les meilleurs baisers de ton dévoué,

ALFRED.

Le 5 février 1896.

Ma chère Lucie,

Le courrier ne m'a apporté aucune lettre. Je n'ai pas besoin de te décrire quelle déception poignante, je pourrais dire quelle douleur profonde j'éprouve quand cette seule consolation, quand tes paroles chères et aimées ne me parviennent même pas. Mais comme je te l'ai dit, ma chère Lucie, qu'importent les souffrances, j'oserais même dire les tortures, si atroces, si horribles soient-elles, car le but que tu as à poursuivre est plus élevé et domine tout : l'honneur de notre nom, l'honneur de nos chers et adorés enfants.

Pour moi, chère Lucie, tu es ma force, force invincible, tellement tu es haute dans mon affection, dans ma tendresse. Comme mes enfants, tu me dictes mon devoir. Dis-toi que, si souvent la violence des sensations parfois atroces fait hurler mon cœur, dérailler mon cerveau, que si parfois l'accablement du temps trop long et du climat excède mes forces, fait crier ma chair, la volonté reste inébranlable pour toi, pour nos enfants.

Mais tu dois comprendre ce que je souffre de ton martyre, du déshonneur immérité jeté sur nos enfants, sur tous; ce que je souffre d'une situation morale pareille; que je lutte ici contre tout réuni; quelle volonté, quelle puissance enfin je sens alors en moi pour vouloir la lumière, oh! à tout prix, par n'importe quel moyen; que bien souvent alors la tempête est sous mon crâne; que plus souvent encore le sang bout d'impatience dans mes veines d'apprendre la fin de cet incroyable martyre. Plus les souffrances sont atroces, plus chaque journée écoulée les accroît, moins il faut se laisser abattre ou s'abandonner au destin. Puisque nos tortures ne cesseront que lorsque la lumière sera faite, pleine et entière, éclatante, puisqu'enfin il le faut, envers et contre tout, pour nous, pour nos enfants, pour tous enfin, il faut au contraire que les volontés grandissent, s'élargissent avec les difficultés, avec les obstacles. Donc, chère et bonne Lucie, courage, et plus que du courage, une volonté forte, une volonté crâne, qui sait vouloir et qui veut enfin aboutir par n'importe quel moyen au but aussi louable qu'élevé: la vérité. Il y a trop longtemps que cela dure et il y a trop de souffrances accumulées sur des innocents.

Embrasse longuement, beaucoup les chers enfants pour moi. Ah! vois-tu, chère Lucie, je ne sais pas ce qu'on peut appeler des obstacles quand il s'agit de ses enfants. Dis-toi bien qu'il n'y en a pas, qu'il ne saurait y en avoir, qu'il faut la vérité, qu'une mère a tous les droits, comme elle doit avoir tous les courages, quand elle a à défendre ce qui seul peut permettre à ses enfants de vivre, leur honneur.

Et chaque fois que je t'écris, je ne puis me décider à fermer ma lettre, tant est fugitif ce moment où je viens causer avec toi, tant tout mon être est avec toi, tant tout ce que je te dis ne me semble pas répondre assez aux sentiments qui m'agitent, qui remplissent mon âme, à cette volonté plus forte que tout, irréductible, qui est en moi, pour vouloir la vérité, notre honneur, celui de nos enfants; à l'affection profonde enfin que j'ai pour toi, augmentée d'une admiration sans bornes. J'espère enfin que ce que je te dis depuis de si longs mois s'est traduit par vous tous en action forte et agissante et que j'apprendrai bientôt que ce supplice de tous deux à un terme.

Je t'embrasse comme je t'aime, ainsi que nos chers enfants, de tout mon cœur, de toute mon âme, en attendant que j'aie enfin de vos nouvelles.

ALFRED.

Le 26 février 1896.

Ma chère Lucie,

J'ai reçu le 12 de ce mois tes chères lettres de décembre, ainsi que toutes celles de la famille. Inutile de te dépeindre la bonne émotion qu'elles me causent; j'ai pu pleurer, et c'est tout dire. Comme tu le ressens toi-même, malgré soi le cerveau ne cesse de travailler, la tête et le cœur de souffrir, et ces tortures ne cesseront que lorsque la lumière sera faite, lorsque cet horrible drame sera éclairci.

Je t'ai trop parlé de moi et de mes souffrances, pardonne-moi cette faiblesse.

Quelles que soient mes souffrances, ah! si terrible que soit notre martyre, il y a un but qu'il faut atteindre, que vous atteindrez, j'en suis sûr : la lumière pleine et entière, telle qu'il la faut pour tous, pour notre nom, pour nos chers enfants. Je souhaite ardemment, pour toi comme pour moi, d'apprendre bientôt que ce but est enfin atteint.

Je n'ai pas non plus de conseils à te donner ; je ne puis qu'approuver entièrement ce que vous faites pour arriver à l'éclatante démonstration de mon innocence. C'est là le but et il ne faut voir que lui.

J'ai reçu les quelques mots de Mathieu, dis-lui que je suis toujours de cœur et d'âme avec lui.

Le 22 février, c'était l'anniversaire de la naissance de notre chère petite Jeanne... combien j'ai pensé à elle! Je ne veux pas insister, car mon cœur éclaterait et j'ai besoin de toutes mes forces.

Écris-moi longuement, parle-moi beaucoup de toi et de nos chers enfants. Je te lis et relis chaque jour; il me semble entendre ainsi ta voix aimée, et cela m'aide à vivre.

Je ne t'écris pas davantage, car je ne pourrais que te parler de l'horrible longueur des heures, de la tristesse des choses... et gémir est bien inutile.

Embrasse bien tes chers parents, tous les nôtres

pour moi. Toujours merci pour leurs bonnes et affectueuses lettres.

Mille caresses à nos chers enfants, et pour toi les meilleurs, les plus tendres baisers de ton dévoué,

ALFRED.

Je n'ai pas encore reçu les envois que tu m'annonçais dans tes lettres du 25 novembre et du 25 décembre. Par suite de quelles circonstances tes envois sont-ils aussi longs à me parvenir, c'est ce que je ne saurais dire. Peut-être tes prochains envois de livres par colis postaux me parviendront-ils plus rapidement ? Je le souhaite, car la seule chose qui me soit possible, la lecture, peut calmer un peu mes douleurs de tête, et malheureusement, cela même me manque bien souvent.

Le 5 mars 1896.

Ma chère Lucie,

Je n'ai pas encore reçu tes chères lettres de janvier. Quelques lignes seulement pour t'envoyer l'écho de mon immense affection. T'écrire longuement, je ne le puis. Mes journées, mes heures s'écoulent monotones, dans l'attente angoissante, énervante, de la découverte de la vérité, du misérable qui a commis ce crime infâme. Te parler de moi, à quoi bon ? Mes souffrances, tu les comprends, tu les partages. Elles ne peuvent avoir qu'un terme comme les tiennes, comme celles de tous les nôtres, quand la lumière pleine et entière sera faite, quand l'honneur nous sera rendu.

C'est vers ce but que doivent tendre toutes vos énergies, toutes vos forces, tous vos moyens. Je souhaite d'apprendre que ce but est bientôt atteint, que ce martyre épouvantable de toute une famille a un terme. Mon corps, ma santé, tout cela me laisse bien indifférent. Tout mon être n'est animé que d'une seule pensée, que d'une volonté qui me fait vivre : voir, entre mes enfants et toi, le jour où l'honneur me sera rendu. C'est dans ta pensée, dans celle de nos enfants adorés que je repose ma tête, parfois trop fatiguée par cette tension continuelle, par cette fièvre d'impatience, par cette inactivité terrible, sans un moment de diversion.

Si donc nous ne pouvons nous empêcher de souffrir, car jamais êtres humains, qui placent l'honneur au-dessus de tout, n'ont été frappés de telle sorte, je te crie toujours courage et courage pour marcher à ton but, la tête haute, le cœur ferme, avec une volonté inébranlable, jamais défaillante. Tes enfants te disent ton devoir comme ils me donnent ma force.

Espérons, comme le dit ta mère, que nous pourrons bientôt, dans les bras les uns des autres, essayer d'oublier ce martyre effroyable, ces mois si tristes et si décevants, et revivre en nous consacrant à nos enfants.

Je t'embrasse comme je t'aime, de toutes mes forces, ainsi que nos chers enfants.

Ton dévoué,

ALFRED.

Baisers à tous.

Le 26 mars 1896.

Ma chère Lucie,

J'ai reçu le 12 de ce mois tes bonnes lettres de janvier, si impatiemment attendues chaque mois, ainsi que toutes celles de la famille.

J'ai vu avec bonheur que ta santé ainsi que celle de tous résiste à cette affreuse situation, à cet horrible cauchemar, dans lequel nous vivons depuis si longtemps. Quelle épreuve, aussi horrible qu'imméritée, pour toi, ma bonne chérie, qui méritais d'être si heureuse! Oui, j'ai des moments terribles, ou le cœur n'en peut plus des blessures qui viennent aviver une plaie déjà si profonde, où mon cerveau n'en peut plus sous le poids de pensées aussi tristes, aussi décevantes. Aussi, quand le courrier m'arrive, après une attente longue et angoissante, que je ne reçois pas encore la nouvelle de la découverte de la vérité, de l'auteur de cet infâme et lâche forfait, oh! j'ai à l'avance une déception poignante, profonde ; mon cœur se déchire, se brise devant tant de douleurs, aussi longues, aussi imméritées!

Je suis un peu comme le malade sur son lit de torture qui souffre le martyre, qui vit parce que son devoir l'y oblige et qui demande toujours à son médecin: « Quand finiront mes tortures ? » Et comme le médecin lui répond toujours : bientôt, bientôt — il finit par se demander quand sera ce *bientôt*, et voudrait bien le voir venir; il y a longtemps que tu me l'annonces.... mais du découragement, oh! cela, jamais! Si atroces que soient mes souffrances, le souci de notre honneur plane bien au-dessus d'elles. Ni toi, ni aucun n'auront jamais le droit d'avoir une minute de lassitude, une seconde de faiblesse, tant que le but ne sera pas atteint : tout l'honneur de notre nom. Pour moi, quand je me sens sombrer sous tout réuni, quand je sens mon cerveau s'échapper, je pense à toi, à nos chers enfants, au déshonneur immérité jeté sur notre nom, je me raidis alors dans un effort violent de tout l'être, et je me crie à moi-même : Non, tu ne plieras pas sous la tempête ! Que ton cœur soit en lambeaux, ton cerveau broyé, tu ne succomberas pas avant d'avoir vu pour tes chers enfants le jour où l'honneur leur sera rendu !

C'est pourquoi, chère Lucie, je viens te crier toujours, à toi comme à tous, courage et plus que du courage, de la volonté... oh ! silencieuse, très silencieuse, car les paroles ne servent à rien, mais hardie, audacieuse, pour marcher au but; la vérité tout entière, la lumière sur ce sinistre drame, tout l'honneur enfin de notre nom. Les moyens, il faut les employer tous, de quelque nature qu'ils soient — tous ceux que l'esprit peut suggérer pour avoir l'énigme de ce drame.

Le but est tout, lui seul est immuable. Je veux que nos enfants entrent dans la vie la tête haute et fière, je veux t'animer de ma suprême volonté ! Je veux te voir aboutir enfin, et il en serait temps, je te le jure.

Je souhaite que tu puisses m'apprendre bientôt quelque chose de certain, de positif, oh ! pour tous deux ma chère Lucie. T'écrire plus longuement ou te parler d'autre chose, sinon de ma grande et profonde affection pour toi, je ne le puis, car ma tête est trop fatiguée par cette épreuve, la plus terrible, la plus cruelle que puisse supporter un cerveau humain.

Notre cher petit Pierre me demande de lui écrire. Ah! je n'en ai pas la force! Chaque mot ferait jaillir un sanglot de ma gorge et je suis obligé de me raidir dans ma douleur pour résister, pour être présent le jour où l'honneur nous sera rendu. Embrasse-le longuement pour moi, ainsi que ma chère petite Jeanne. Ah! mes chers enfants... puise en eux ta force invincible. Je t'embrasse de toutes mes forces comme je t'aime,

ALFRED.

Embrasse tes chers parents, toute la famille pour moi. Ma santé est bonne.

J'ai reçu au début du mois, de ta part, une dizaine de colis de vivres et les tricots de laine. Merci pour tes touchantes attentions. Je n'ai encore reçu aucun des envois de revues et de livres que tu m'annonçais par tes lettres de septembre, décembre et janvier; aucun n'est encore arrivé à Cayenne. Veux-tu être assez bonne pour t'occuper de ces envois de manière qu'ils me parviennent par le courrier, soit que tu les adresses toi-même directement pour moi à M. le Directeur du service pénitentiaire à Cayenne, soit qu'ils soient adressés par le ministère à tes frais.

Le 26 mars 1896.
(Soir)

Chère Lucie,

Avant de t'envoyer la lettre que je t'avais écrite, je relisais pour la centième fois peut-être tes chères lettres, car tu peux t'imaginer ce que peuvent être mes longues journées, mes longues nuits, les bras croisés, n'ayant même rien à lire en tête à tête avec mes pensées, ne me soutenant que par la force du devoir, pour te soutenir par ma présence, pour voir enfin le jour où l'honneur nous sera rendu. Tu me demandes, chère Lucie, d'attendre avec calme, le jour où tu pourras m'annoncer la découverte de la vérité.

Demande-moi d'attendre tant que je pourrai; mais avec calme, oh! cela non, quand on m'a arraché tout vivant le cœur de la poitrine, quand je me sens frappé dans mon bien le plus précieux, dans toi, dans mes enfants... Quand mon cœur nuit et jour hurle de douleur, sans une minute de repos, quand, depuis dix-huit mois, je vis dans un cauchemar atroce!

Mais alors, ce que je veux avec une volonté farouche qui m'a fait tout supporter, qui m'a fait vivre, ce n'est pas protester de mon innocence par tes paroles, mais que tu marches, que vous marchiez tous, par n'importe quel moyen, à la conquête de la vérité, de la lumière sur cette sinistre histoire... tout notre honneur enfin...

Ce sont les paroles que je t'ai dites, avant mon départ, il y a déjà plus d'un an... et hélas! ce n'est pas un reproche que je veux te faire, mais je vous trouve bien longs dans cette mission suprême, car ce n'est pas vivre que vivre sans honneur.

Aussi, dans mes longues nuits de torture, souffrant le martyre, combien souvent me suis-je dit : Ah! comme j'aurais eu l'énigme de cet horrible drame, par n'importe quel moyen, eussé-je dû finalement mettre le couteau sur la gorge aux complices misérables, si insaisissables qu'ils soient, de ce vil criminel! Et plus souvent encore, me suis-je écrié : N'y aura-t-il donc personne ayant assez de cœur et d'âme ou assez d'habileté pour leur arracher la vérité, faire cesser ainsi ce martyre effroyable d'un homme et de deux familles! Ah! je sais que ce ne sont que les rêves d'un homme qui souffre horriblement; mais que veux-tu, tout cela est trop horrible, trop atroce; cela déroute trop ma raison, mes croyances en la loyauté, en la droiture, car il y a une loi morale qui domine tout, passions et haines, c'est celle qui veut la vérité partout et toujours. Et puis, quand ma pensée se reporte sur mon passé, sur ma vie tout entière et que je me vois là : oh! alors, c'est horrible, la nuit se fait en moi toute sombre et je voudrais fermer les yeux, ne plus penser.

C'est dans ta pensée, dans celle de nos chers petits, dans ma volonté de voir la fin de cet horrible drame, que je retrouve la force de vivre, de me maintenir debout. Voilà mes pensées, voilà mes nuits, ma chère et bonne Lucie, et c'est pour répondre à ta question que je t'ouvre ainsi toute mon âme. Dis-toi donc que je souffre horriblement comme toi, comme vous tous; que nos tortures morales à tous sont les mêmes, qu'elles sont atroces; qu'elles ne peuvent avoir qu'un terme, c'est la pleine lumière sur cette sinistre affaire; qu'il faut donc marcher tous à ce but suprême, avec une activité de tous les jours, de toutes les heures, avec une volonté farouche et indomptable, avec ce sentiment qui renverse tous les obstacles : c'est qu'il s'agit de notre honneur et qu'il nous le faut. Et maintenant, je vais me coucher, essayer de reposer un peu mon cerveau, ou plutôt rêver à toi, à nos chers enfants. Le 5 avril, Pierre aura cinq ans : dis-toi que ce jour-là tout mon cœur, toutes mes pensées, mes pleurs, hélas, aussi, auront été vers lui, vers toi. Et je termine en souhaitant que tu puisses bientôt m'annoncer la fin de cet infernal supplice et en t'embrassant de tout mon cœur, de toutes mes forces, comme je t'aime.

Ton dévoué,

ALFRED.

Le 5 avril 1896.

Ma chère Lucie,

Je viens de recevoir à l'instant tes chères lettres de février, ainsi que toutes celles de la famille. A ton tour, ma femme chérie, tu as subi les atroces angoisses de l'attente de nouvelles!... J'ai connu ces angoisses, j'en ai connu bien d'autres, j'ai vu bien des choses décevantes pour la conscience humaine... Eh bien! je viens te dire encore, qu'importe! Tes enfants sont là, vivants. Nous leur avons donné la vie, il faut leur faire rendre l'honneur. Il faut marcher au but, les yeux uniquement fixés sur lui, avec une volonté indomptable, avec le courage que donne le sentiment d'une nécessité absolue.

Je te disais dans une de mes lettres que chaque journée ramenait avec elle les angoisses de l'agonie. C'est bien vrai. Quand arrive le soir, après une lutte de tous les instants contre les bouillonnements de mon cerveau, contre la déroute de ma raison, contre les révoltes de mon cœur, j'ai une dépression cérébrale et nerveuse terrible et je voudrais fermer les yeux pour ne plus penser, pour ne plus voir, pour ne plus souffrir enfin. Il faut alors que je fasse un violent effort de volonté, pour chasser les idées qui me tirent bas, pour ramener ta pensée, celle de nos enfants adorés et pour me redire encore : si atroce que soit ton martyre, il faut que tu puisses mourir tranquille, sachant que tu laisses à tes enfants un nom fier et honoré. Si je te rappelle cela, c'est simplement pour te dire encore quelle volonté je dépense dans une seule journée, parce qu'il s'agit de l'honneur de notre nom, de celui de nos enfants, que cette même volonté devrait vous animer tous.

Je veux te redire aussi ce que je souffre de tes tortures, des vôtres à tous, ce que je souffre pour nos enfants, et qu'alors, à toutes les heures du jour et de la nuit, je te crie à toi et à tous, dans l'emportement de ma douleur extrême : Marchez à la conquête de la vérité, hardiment, en gens honnêtes et crânes, pour qui l'honneur est tout !

Ah ! les moyens, peu m'importe, il faut en trouver quand on sait ce qu'on veut, quand on a le droit et le devoir de le vouloir.

Cette voix, tu dois l'entendre à tous moments, à travers l'espace, elle doit animer ton âme.

Je me répète toujours, chère Lucie ; c'est que ma pensée est une, comme la volonté qui me fait tout endurer.

Je ne suis ni un patient, ni un résigné, dis-toi bien tout cela ; je veux la lumière, la vérité, notre honneur enfin, pour la France entière, avec toutes les fibres de mon être ; et cette volonté suprême doit t'inspirer, à toi comme à tous, tous les courages comme toutes les audaces, pour sortir enfin d'une situation aussi infâme qu'imméritée.

De grâces ou de faveurs, tu n'en as à demander à personne, tu veux la lumière et il te la faut.

Plus les forces décroissent, car les nerfs finissent par être complètement ébranlés par tant de secousses épouvantables, plus les énergies doivent grandir.

Jamais, jamais, jamais, — et c'est là le cri profond de mon âme, — on ne se résigne au déshonneur quand on ne l'a pas mérité.

Aujourd'hui, notre cher petit Pierre a cinq ans, tout mon cœur, toutes mes pensées vont vers lui, vers toi, vers nos chers enfants; tout mon être vibre de douleur.

Que puis-je ajouter, ma chère Lucie? Mon affection pour toi, pour nos enfants, tu la connais. Elle m'a fait vivre, elle m'a fait endurer ce que je n'aurais jamais accepté, elle me donne la force de tout endurer encore.

Tu dis que nous approchons du terme de nos douleurs. Je le souhaite de toutes mes forces, car jamais êtres humains n'ont souffert pareillement.

Je t'ai déjà écrit longuement, il y a une dizaine de jours, par le courrier français.

Je t'embrasse comme je t'aime, de toutes mes forces, ainsi que nos enfants.

Ton dévoué,

ALFRED.

J'ai reçu, il y a quelques jours, l'envoi de revues et de livres du mois de novembre. Leur arrivée tardive provient de ce que l'envoi est fait par petite vitesse, c'est-à-dire par voiliers. J'en éprouve quelque soulagement.

Cependant, mon cerveau est si ébranlé, si fatigué, par toutes ces épouvantables secousses, que je ne puis apporter d'attention à quoi que ce soit. Tes autres envois finiront par me parvenir quelque jour.

Embrasse tes chers parents, tous les nôtres pour moi. Je leur ai écrit d'ailleurs par le courrier français.

Le 26 avril 1896.

Ma chère Lucie,

Dans les longues et atroces journées dont s'est composé tout ce mois, j'ai lu et relu bien souvent tes chères lettres de février. Mon cœur a saigné des angoisses que tu as subies durant ce long mois, dont chaque mot dans tes lettres portait la trace. On sentait que tu contenais les frémissements de ton être, que tu te retenais pour ne pas laisser déborder ta douleur, — et dans un effort de ton cœur aimant et dévoué, tu trouvais encore la force de me crier : Oh! je suis forte!

Oui, sois forte, car il le faut.

Une de ces nuits, je rêvais à toi, à nos enfants, à notre supplice, à côté duquel la mort serait douce; j'en ai hurlé de douleur dans mon sommeil.

Ma souffrance est parfois si forte que je voudrais m'arracher la peau, pour oublier dans une douleur physique cette douleur morale trop violente. Je me lève le matin, avec l'effroi des longues heures du jour, en tête à tête avec mon cerveau, depuis si longtemps; je me couche, le soir, avec l'épouvante des heures sans sommeil.

Tu me demandes de te parler longuement de moi, de ma santé. Tu dois comprendre qu'après les tortures subies, supportant aujourd'hui une vie atroce, qui ne me laisse un moment de repos ni de jour, ni de nuit, mes forces ne sauraient être brillantes. Le corps est brisé, les nerfs sont malades, le cerveau est broyé. Dis-toi simplement que je ne tiens debout — dans l'acception absolue du mot — que parce que je le veux pour voir, entre toi et nos enfants, le jour où l'honneur nous sera rendu.

Tu te demandes parfois, dans tes heures de calme, pourquoi nous sommes ainsi éprouvés..... Je me le demande à tout moment, et je ne trouve pas de réponse.

Nous nous trompons mutuellement, chère Lucie, en nous recommandant tour à tour le calme et la patience. Notre affection essaie en vain de nous cacher, l'un à l'autre, les sentiments qui agitent nos cœurs. A sentir ce que j'éprouve quand je t'écris, le cœur vibrant de douleur et de fièvre, je sais trop bien ce que tu éprouves quand tu m'écris.

Non, disons-nous simplement que si nous vivons les cœurs blessés et pantelants, les âmes frémissantes de douleur, c'est qu'il y a un but suprême qu'il faut atteindre coûte que coûte : tout l'honneur de notre nom, celui de nos enfants, et le plus tôt possible, car ce n'est pas vivre, pour des gens de cœur, que de vivre dans une situation pareille, dont chaque moment est une torture.

Bien souvent aussi, j'ai voulu te parler longuement de nos enfants... mais je ne le puis. Chaque fois une colère sourde et âpre envahit mon cœur à la pensée de ces chers petits êtres frappés dans leur père, innocent d'un crime aussi abominable... Ma gorge se serre, les sanglots m'étouffent, mes mains se tordent de douleur de ne rien pouvoir faire pour eux, pour toi... que de lutter pour vivre, depuis si longtemps, dans une situation pareille.

Je ne puis donc, chère Lucie, que te redire : Courage et volonté, activité aussi, car les forces humaines ont des limites!

D'ailleurs, je t'ai écrit de très longues lettres par le précédent courrier, j'ai écrit aussi à tes chers parents, à mes frères et sœurs. J'espère qu'elles auront encore enhardi vos courages, animé vos âmes du feu qui consume la mienne, qui me donne encore la force de tenir debout.

Tu me dis aussi que tu as de bonnes raisons de croire que cette atroce situation ne sera plus de longue durée. Ah! je souhaite de toute mon âme que cette fois ton espoir ne soit pas trompé, que tu puisses bientôt m'annoncer quelque chose de certain, de positif, car c'est vraiment trop souffrir!

Que puis-je ajouter, ma chère Lucie? Les heures pour moi se ressemblent dans leur atrocité, ne vivant que par ta pensée, celle des enfants, dans l'attente d'un dénouement, d'une situation qui n'a déjà que trop duré.

Je t'embrasse de tout cœur, comme je t'aime, ainsi que nos chers enfants, en attendant que j'aie le bonheur de recevoir tes chères lettres, toujours si impatiemment attendues.

Ton dévoué,

ALFRED.

Baisers à tous.

Le 7 mai 1896.

Ma chère Lucie,

Quelques instants avant de recevoir tes chères lettres, je venais de subir une avanie — mesquine — mais qui déchire quand on a le cœur aussi ulcéré. Je n'ai pas, hélas! l'âme d'un martyr. Te dire que je n'ai pas parfois envie d'en finir, de mettre un terme à cette vie atroce, ce serait mentir. N'y vois pas trace de découragement ; le but est immuable, il faut qu'il soit atteint, et il le sera. Mais à côté de cela, je suis aussi un être humain qui supporte le plus épouvantable des martyres — pour un homme de cœur et d'honneur — et qui ne le supporte que pour toi, pour nos enfants.

Chaque fois qu'on retourne le fer dans la plaie, le cœur hurle de douleur ; j'en ai pleuré... mais assez parlé de cela. Je te disais donc que je viens de recevoir tes chères lettres de mars, ainsi que toutes celles de la famille et à côté de la joie de te lire, j'ai toujours cette déception que tu dois bien comprendre, de ne pas apercevoir encore le terme de nos tortures.
— Comme tu dois souffrir, ainsi que nous tous, de ne pas pouvoir hâter le moment où l'honneur nous sera rendu, où les misérables qui ont commis le crime infâme seront démasqués! Je souhaite que ce moment soit proche et qu'il ne tarde pas trop.

Merci des bonnes nouvelles que tu me donnes de nos chers enfants. C'est dans leur pensée, dans la tienne que je puise la force de résister. Tu dois bien penser que les souffrances, le climat, la situation ont fait leur œuvre. Il me reste la peau, les os et l'énergie morale. J'espère que cette dernière me conduira jusqu'au bout de nos souffrances.

Tu me parles aussi de choses matérielles que je pourrais te demander. Tu sais que la vie matérielle m'a toujours laissé indifférent, aujourd'hui plus que jamais.

Je ne t'ai demandé que des livres et malheureusement j'en suis toujours à mon envoi de novembre.

Veux-tu être assez bonne pour cesser les envois de vivres? Le sentiment qui m'inspire cette demande est peut-être puéril, mais tes envois sont, suivant le règlement, soumis à une visite minutieuse et il me semble chaque fois qu'on t'applique un soufflet sur la joue, à toi... et mon cœur saigne, et j'en frémis de douleur.

Non, acceptons la situation atroce qui nous est faite, ne cherchons à l'atténuer par aucun souci d'ordre matériel; mais disons-nous qu'il nous faut ce coupable, qu'il nous faut notre honneur! Marchez donc à ce but, d'un commun accord, d'une commune volonté, immuable, cherchez à l'atteindre le plus vite possible et ne vous souciez de rien autre. Moi, de mon côté, je résisterai tant que je pourrai, car je veux être là, présent, le jour de bonheur suprême où l'honneur nous sera rendu. Dis-toi bien que l'on peut plier sous certains malheurs, que l'on peut accepter dans certaines situations des consolations banales; mais, lorsqu'il s'agit de l'honneur, il n'y a aucune consolation, sinon un but à atteindre tant qu'on n'a pas succombé : se le faire rendre.

Donc, pour toi comme pour tous, je ne puis que vous crier du plus profond de mon âme: haut les cœurs! Pas de récriminations, pas de plaintes, mais la marche immuable vers le but; le ou les coupables — et l'atteindre le plus tôt possible.

Comme je te l'ai déjà dit, il ne doit pas rester un seul Français qui puisse douter de notre honneur.

Embrasse de tout ton cœur nos chers enfants pour moi et reçois pour toi mille baisers les plus tendres, les plus affectueux de ton dévoué,

ALFRED.

Embrasse tes chers parents, tous les nôtres pour moi. Dans le courrier que je viens de recevoir, je n'ai pas trouvé de lettres de mes sœurs, excepté d'Henriette. J'espère que ces chères sœurs ne sont pas malades de ces émotions terribles et continuelles.

---

22 mai 1896.

Ma chère Lucie,

Tes bonnes et si affectueuses lettres de mars ont été les chers et doux compagnons de ma solitude. Je les ai lues, relues, pour me rappeler mon devoir, chaque fois que la situation m'écrasait sous son poids. J'ai souffert avec toi, avec tous; toutes les angoisses épouvantables par lesquelles vous passez sont venues faire écho aux miennes.

Tu me demandes de t'écrire, de venir dégonfler auprès de toi mon cœur meurtri et déchiré, chaque fois que l'amertume en serait trop grande. Ah! ma pauvre Lucie! si je voulais t'écouter, je t'écrirais bien souvent, car je n'ai pas un moment de répit. Mais pourquoi viendrais-je ainsi t'arracher l'âme? Je le fais déjà trop fréquemment, et quand je suis venu gémir ainsi, j'en ai toujours un regret cuisant, car tu souffres déjà assez, beaucoup trop, mais que veux-tu? Il est impossible de se dégager entièrement de son *moi*, d'étouffer toujours les révoltes de son cœur, d'être toujours maître de ses nerfs malades. Mon seul moment de détente est quand je t'écris, et alors tout ce que j'ai contenu de douleurs pendant un long mois vient parfois sous ma plume....

Et puis, je ressens tellement, au plus profond de mon être, toute l'horreur d'une situation pareille, aussi bien pour toi que pour moi que pour tes chers parents, pour tous les nôtres enfin, que des éclats de colère, des frémissements d'indignation m'échappent malgré moi; des cris d'impatience s'exhalent alors de voir enfin le terme de cet abominable supplice de tous. Je souffre de mon impuissance à alléger ton atroce douleur, de ne pouvoir que te soutenir de toute la puissance de mon affection, de toute l'ardeur de mon âme. Ah! certes oui, chère Lucie, je sens bien l'atroce déchirement qui doit se faire en toi quand, à chaque courrier, après un long mois d'attente, de souffrances et d'angoisses, tu ne peux encore pas m'annoncer la découverte des coupables, le terme de nos tortures! Et si alors je hurle, si je rugis parfois, si le sang bout dans mes veines, devant tant de douleurs, si longues, si imméritées, oh! c'est autant pour toi que pour moi, car si ma douleur était seule, il y a beau temps que j'y eusse mis un terme, laissant à l'avenir le soin d'être notre juge suprême à tous.

C'est dans ta pensée, dans celle de nos chers enfants, dans ma volonté de te soutenir, de voir le jour où l'honneur nous sera rendu, que je puise toute ma force. Quand je chavire écrasé sous tout réuni, quand mon cerveau s'égare et que mon cœur n'en peut plus, quand mon cœur enfin défaille, je murmure au dedans de moi-même trois noms : le tien, ceux de nos chers enfants, et je me raidis encore contre ma douleur, et rien ne s'exhale de mes lèvres muettes.

Certes, je suis très affaibli, il n'en saurait être autrement. Mais tout s'efface en moi, souvenirs hallucinants, souffrances, atrocités de ma vie journalière, devant cette préoccupation si haute, si absolue : celle de notre honneur, le patrimoine de nos enfants. Je viens donc comme toujours te crier de toutes mes forces, avec toute mon âme, « courage et courage » pour marcher bravement à ton but : tout l'honneur de notre nom — et souhaiter pour tous deux que ce but soit enfin atteint. Les chères petites lettres des enfants me causent toujours une émotion extrême, je les arrose souvent de mes larmes, j'y puise aussi ma force. — On me dit dans toutes les lettres que tu élèves admirablement ces chers petits ; si je ne t'en ai jamais parlé, c'est que je le savais, car je te connais.

Te parler de mon affection, de celle qui nous unit tous, c'est inutile, n'est-ce pas ? Laisse-moi te dire encore que ma pensée ne te quitte pas un instant de jour et de nuit, que mon cœur est toujours auprès de toi, de nos enfants, de vous tous, pour vous soutenir et vous animer de mon indomptable volonté. Je t'embrasse de toutes mes forces, de tout mon cœur, ainsi que nos chers enfants, en attendant de recevoir vos bonnes lettres, seul rayon de bonheur qui vienne réchauffer mon âme meurtrie.

Ton dévoué,

ALFRED.

Baisers à tes chers parents, à tous.

Le 5 juin 1896.

Ma chère Lucie,

Je n'ai pas encore reçu tes bonnes lettres d'avril. Aussi ai-je dû me contenter de relire, comme je le fais chaque jour, souvent plusieurs fois par jour, tes bonnes et affectueuses lettres de mars et j'y ai puisé un peu de calme. Je ne veux cependant pas laisser partir le courrier anglais sans venir bavarder avec toi, me rapprocher de toi.

Oh! je te vois bien d'ici par la pensée, ma chère et bonne Lucie, car elle ne me quitte pas un seul instant; je sens tes moments de crise, quand après un espoir qu'on est venu t'apporter, cet espoir est encore une fois trompé; lorsqu'après un moment de détente, d'apaisement, tu retombes dans un désespoir violent, en te demandant avec angoisse quand cessera cet abominable cauchemar dans lequel nous vivons depuis si longtemps. Et puis tu m'écris, et tu trouves dans ta belle âme, dans ton cœur aimant et dévoué, la force de me cacher les atroces tortures, les angoisses épouvantables par lesquelles tu passes.

Et alors moi qui sens, qui devine tout cela, dont le cœur broyé et déchiré dans ses sentiments les plus purs, dans ses affections les plus chères, déborde, dont le sang bout dans les veines devant tant de douleurs accumulées sur tous deux, sur nos familles, dont la raison enfin se révolte, je viens jeter dans mes lettres les cris d'angoisse et d'impatience de mon âme, et j'en souffre ensuite tout un long mois, en pensant à l'émotion que tu vas avoir, et j'en suis plus malheureux encore.

Frappée avec moi, dans ton honneur d'épouse et de mère, au lieu de t'apporter cet appui moral, inébranlable, énergique, ardent, qui t'est nécessaire dans la noble mission qui t'incombe, je suis venu parfois me lamenter, t'entretenir de petites souffrances, de petites tortures, que sais-je, augmenter ainsi ta poignante douleur. Tu pardonneras à ma faiblesse, faiblesse humaine trop naturelle, hélas!

Les mots, d'ailleurs, sont bien impuissants à traduire un martyre pareil au nôtre. Mais il ne peut y avoir qu'un terme : la découverte des coupables, la réhabilitation pleine et entière, tout l'honneur de notre nom, de nos chers enfants.

Je viens donc comme toujours ajouter à cette lettre, qui t'apportera l'écho de ma profonde affection, ce cri ardent de mon âme : Courage et courage, chère Lucie, pour marcher à ton but, avec une volonté farouche et ardente, jamais défaillante — et souhaiter pour tous deux, pour nos enfants, pour tous, qu'il soit bientôt atteint.

Tu embrasseras beaucoup les chers petits pour moi. Je ne vis d'ailleurs qu'en eux, qu'en toi, et j'y puise ma force. Embrasse bien tes chers parents, tous les nôtres pour moi, remercie-les de leurs bonnes et si affectueuses lettres.

Je termine à regret cette lettre en t'embrassant bien fort, si fort que je peux, comme dit notre cher petit Pierre.

Ton dévoué,

ALFRED.

Soir. — Je viens de recevoir enfin tes envois et livres des mois de décembre, janvier et février, et je t'assure que j'en avais bien besoin. Encore de bons et ardents baisers pour toi, nos chers enfants, tes chers parents, tous les nôtres enfin, et je termine par ce cri ardent de mon âme : toujours et encore courage, ma chère et bonne Lucie !

Le 24 juillet 1896.

Ma chère Lucie,

Je n'ai pas reçu tes lettres de mai ; les dernières nouvelles que j'ai de toi datent de trois mois. Tu vois que les coups de massue ne me manquent pas ; je ne veux pas augmenter tes peines en te décrivant ma douleur. D'ailleurs, peu importe. Quel que soit notre supplice, si épouvantable que soit notre martyre, le but est invariable, ma chère Lucie : la lumière, l'honneur de notre nom.

Je ne fais que te répéter ce cri de mon âme : du courage, du courage, et du courage, jusqu'à ce que le but soit atteint.

Quant à moi, je retiens de toute mon énergie ce qui me reste de forces ; je comprime nuit et jour mon cerveau et mon cœur, car je veux voir la fin de ce drame. Je souhaite pour tous deux que ce moment ne tarde plus.

Quand tu recevras ces quelques lignes, le jour de ta fête sera passé. Je ne veux pas insister sur des pensées aussi cruelles pour tous deux, mais je ne saurais être plus en esprit avec toi ce jour-là que les autres.

Je t'embrasse de tout mon cœur, de toutes mes forces, ainsi que nos enfants.

Ton dévoué,

ALFRED.

Le 4 août 1896.

Ma chère Lucie,

J'ai reçu tes lettres de mai et de juin toutes ensemble, ainsi que celles de la famille. Je ne veux pas te décrire mon émotion, après une si longue attente, car nous n'avons pas à nous laisser aller à des impressions aussi poignantes.

Je n'ai trouvé que deux lettres de toi dans le courrier de mai et j'ai été heureux de voir que tu étais installée à la campagne avec les enfants; peut-être y trouveras-tu un peu de repos, si nous pouvons jouir de quelque repos tant que l'honneur ne nous sera pas rendu.

Oui, chère Lucie, des souffrances telles que les nôtres, aussi imméritées, laissent l'esprit hébété. Mais n'en parlons plus, il est des choses qui provoquent d'irrésistibles indignations.

Si je suis nerveux de voir arriver le terme de nos tortures à tous, si, sous l'influence des révoltes de mon cœur, mes lettres sont pressantes, crois bien que ma confiance, comme ma foi, sont absolues. Dis-toi que je ne vous ai jamais dit : espérez; je vous ai dit : il nous faut la vérité tout entière, si ce n'est pas aujourd'hui, ce sera demain ou après-demain, mais ce but sera atteint, il le faut. Fermons nos yeux sur nos tortures, comprimons nos cerveaux et nos cœurs. Courage et vaillance, chère Lucie, sans une minute de faiblesse ou de lassitude. Pour nous, pour nos enfants, pour nos familles, il faut la lumière, l'honneur de notre nom. Je viens, comme toujours, te crier à toi, comme à tous : haut les cœurs et les volontés !

Je souhaite de toute mon âme pour tous deux,

pour tous, d'apprendre que ce supplice a un terme.

Embrasse nos enfants pour moi et reçois pour toi les meilleurs baisers de ton dévoué,

ALFRED.

Embrasse tes parents, tous les nôtres pour moi.

Le 24 août 1896.

Chère Lucie,

J'ai répondu au début du mois quelques lignes seulement à tes chères lettres de mai et de juin. L'impression qu'elles me causaient après une si longue attente était trop vive pour que je pusse t'écrire longuement; je les lis et relis chaque jour, il me semble vivre ainsi quelques instants près de toi, sentir ton cœur battre près du mien. Et quand je considère ce morceau de papier banal sur lequel je t'écris, je voudrais pouvoir y mettre tout mon cœur, tout ce qu'il contient pour toi, pour nos enfants, pour tous, l'imprégnant ainsi de toute l'ardeur de mon âme, de tout mon courage, de toute ma volonté.

Crois donc, chère Lucie, que je n'ai jamais un moment de découragement quant au résultat à atteindre. Mais aussi quelle impatience me dévore de voir arriver le terme de ces atroces tortures!

Il est des douleurs tellement intenses pour des gens de cœur, que la plume est impuissante à les rendre. Et cette douleur, la même pour nous tous, je la renferme nuit et jour, sans qu'une plainte s'exhale de mes lèvres; j'accepte tout, comprimant mon cœur, tout mon être, ne voyant que le but. Je t'ai écrit au commencement de juillet une lettre qui a encore dû t'émotionner, ma pauvre Lucie; j'étais alors en proie aux fièvres; je ne recevais pas ton courrier; tout à la fois! Et alors la bête humaine s'est réveillée pour te jeter ses cris de détresse et de douleur, comme si tu ne souffrais pas déjà assez; j'ai cependant réagi, tout surmonté, dominé l'être physique comme l'être moral. J'ai su d'ailleurs, depuis, que ton courrier était arrivé sans retard à Cayenne; par suite d'une erreur de destination, je ne l'ai reçu qu'avec celui de juin.

Je ne puis donc que me répéter, chère Lucie, pour toi, comme pour tous, les yeux invariablement, ardemment fixés sur le but, sans une minute de lassitude jusqu'à ce qu'il soit atteint! Toute la vérité pour la France entière, tout l'honneur de notre nom, le patrimoine de nos enfants. Embrasse S. et leurs chers enfants pour moi. Dis bien à Mathieu que si je ne lui écris pas plus souvent, c'est que je le connais trop bien, c'est que sa volonté restera toujours aussi inflexible, jusqu'au jour de l'éclatante lumière. Merci des bonnes nouvelles que tu me donnes des chers petits; remercie tes parents, tous les nôtres, de leurs bonnes lettres. Quant à toi, ma chère Lucie, forte de ta conscience, sois invinciblement énergique et vaillante; que ma profonde affection, nos enfants, ton devoir, te soutiennent et t'animent.

Je t'embrasse encore comme je t'aime, de toutes mes forces, ainsi que nos chers enfants, en attendant tes bonnes lettres de juillet.

Ton dévoué,

ALFRED.

Le 3 septembre 1896.

Chère Lucie,

On m'a apporté tout à l'heure le courrier du mois de juillet, je n'y ai trouvé qu'une pauvre petite lettre de toi, celle du 14 juillet, quoique tu aies dû m'écrire plus souvent et plus longuement ; mais peu importe.

Quel cri de souffrance s'échappe de toutes tes lettres et vient faire écho aux miennes ! Oui, chère Lucie, jamais êtres humains n'ont souffert comme toi, comme moi, comme nous tous enfin ; la sueur m'en perle au front ; je ne vivais que par une tension inouïe des nerfs, de la volonté, comprimant tout l'être par un effort suprême ; mais les émotions brisent, font vibrer tous les fibres de l'être ; mes mains se tordent de douleur pour toi, pour nos enfants, pour tous ; un immense cri voudrait s'échapper de ma gorge et je l'étouffe. — Ah ! que ne suis-je seul au monde, quel bonheur j'aurais à descendre dans la tombe, pour ne plus penser, pour ne plus voir, pour ne plus souffrir. Mais le moment de faiblesse, de détraquement de tout l'être, de douleur enfin est passé et dans cette nuit sombre je viens te dire, chère Lucie, qu'au dessus de toutes les morts, — car quelle agonie ne connais-je pas, aussi bien celle de l'âme que celle du corps que celle du cerveau ? — il y a l'honneur, que cet honneur qui est notre bien propre, il nous le faut... Seulement, les forces humaines ont des limites pour nous tous.

Aussi, au reçu de cette lettre, si la situation n'est pas enfin éclaircie, agis comme je te le disais déjà l'année dernière : va toi-même, prends, s'il le faut, un enfant par chaque main, ces deux têtes chéries et innocentes, et fais des démarches auprès de ceux qui dirigent les affaires de notre pays. Parle simplement, avec ton cœur, et je suis sûr que tu trouveras des cœurs généreux qui comprendront ce qu'a d'épouvantable ce martyre d'une épouse, d'une mère, et qui mettront tout en œuvre pour t'aider dans cette tache noble et sainte, la découverte de la vérité, l'auteur de ce crime infâme. Oh! chère Lucie, écoute-moi bien et suis mes conseils; dis-toi bien qu'il ne faut voir qu'une chose, le but, et chercher à l'atteindre. Car, oh! cela, je le voudrais de toute mon âme, voir, avant de succomber, l'honneur rendu au nom que portent nos chers adorés, te revoir, toi, nos enfants, heureux, jouissant d'un bonheur que tu mérites tant, ma pauvre et chère Lucie! Et comme ce papier me paraît froid de ne pouvoir y mettre tout mon cœur, tout ce qu'il contient pour toi, pour nos enfants... Je voudrais écrire avec mon sang, peut-être m'exprimerais-je mieux.....

Et quoique je ne puisse plus rien te dire, je continue à causer avec toi, car cette nuit va encore être longue, traversée par d'horribles cauchemars où j te vois, toi, nos enfants, mes chers frères et sœurs, tes chers parents, tous les nôtres enfin. Tu vois, chère Lucie, que je te dis bien tout, que je t'exhale toutes mes souffrances, que je te dis bien toutes mes pensées; d'ailleurs, en ce moment, je serais bien incapable de faire autrement.

Et ma pensée, nuit et jour, est toujours la même; le même cri s'exhale toujours de mes lèvres: oh! tout mon sang, goutte à goutte, pour avoir la vérité sur cet effroyable drame!

Tu pardonneras le décousu de cette lettre; je t'écris, comme je te le disais, sous le coup d'une émotion profonde, ne cherchant même pas à rassembler mes idées, m'en sentant même incapable, me disant avec effroi que je vais passer tout un mois n'ayant comme lecture que tes pauvres lignes, si courtes, où tu me parles des enfants, où tu ne me parles pas de toi, où je n'aurai rien enfin à lire de toi; cependant, je vais tout de même essayer de me résumer. Mes souffrances sont grandes comme les tiennes, comme les nôtres; les heures, les minutes sont atroces et resteront telles tant que la lumière pleine et entière ne sera pas faite. Aussi, comme je le disais, je suis convaincu qu'en agissant aussi toi-même, en parlant avec ton cœur, on mettra tout en œuvre pour raccourcir, si possible, le temps, car si le temps n'est rien, quant au but à atteindre et qui domine tout, il compte, hélas! pour nous tous, car ce n'est pas vivre que d'endurer des souffrances pareilles.

Il faut cependant que je termine bien à regret cette lettre où je me sens si impuissant à mettre toute l'affection que j'ai pour toi, pour nos enfants, pour tous, ce que je souffre de nos atroces tortures, à te faire sentir enfin les sentiments qui sont dans mon âme : l'horreur de cette situation, de cette vie, horreur qui dépasse tout ce que l'on peut imaginer, tout ce que le cerveau humain peut rêver de plus dramatique, et, d'autre part, mon devoir qui me commande impérieusement, pour toi et pour nos enfants, d'aller tant que je pourrai. Un mois maintenant avant de te lire, seule parole humaine qui me parvienne!

Enfin je vais finir ce bavardage qui calme un peu ma douleur, en te sentant près de moi dans ces lignes que tu liras, et te crier courage et encore du courage, car avant toutes choses il y a l'honneur du nom que portent nos chers enfants, te dire que ce but est immuable, mais d'agir aussi comme je te l'ai dit, car un concours de cœurs généreux que tu trouveras, j'en suis sûr, ne peut que réaliser plus rapidement le vœu suprême que je te crie encore : la vérité sur ce lugubre drame, voir auprès de nos chers petits le jour où l'honneur nous sera rendu ! Et j'ajoute encore pour toi, comme pour tous, ce cri ardent et suprême de mon âme qui s'élève dans la nuit profonde : tout pour l'honneur, ce doit être notre seule pensée, votre seule préoccupation, sans une minute de lassitude.

Le 4 septembre 1896.

Chère et bonne Lucie,

Je t'ai écrit une lettre hier au soir sous l'impression que me causaient le courrier, les souffrances que nous endurons tous, la douleur enfin de ne lire que quelques lignes de toi ; car après un long silence angoissé de tout un mois, il se produit fatalement à ce moment une détente nerveuse. Je suis comme fou de chagrin, je prends ma tête à deux mains et je me demande par quelle misère du destin tant d'êtres humains sont appelés à souffrir ainsi.

Aussi j'éprouve le besoin de venir causer encore avec toi ; peut-être cette lettre pourra-t-elle encore prendre le courrier anglais comme la précédente.

Si je suis fatigué, épuisé, te dire le contraire, tu ne me croirais pas, car souffrir ainsi sans répit, à toutes les heures du jour et de la nuit, sentir souffrir ceux que l'on aime, se voir frappé dans ses enfants, ces chers petits êtres, pour lesquels je donnerais, nous donnerions toutes les gouttes de notre sang, tout cela est parfois trop atroce et la douleur trop grande; mais je ne suis, chère Lucie, ni découragé, ni abattu, crois-le bien. Plus les nerfs sont tendus à l'excès par tous les supplices, plus la volonté doit devenir vigoureuse dans son dessein d'y mettre un terme. Et le seul terme à nos tortures à tous, c'est la découverte de la vérité. Si je vis contre mon corps, contre mon cœur, contre mon cerveau, luttant contre tout cela avec une énergie farouche, c'est que je veux pouvoir mourir tranquille, sachant que je laisse à mes enfants un nom pur et honoré, te sachant heureuse. Ce qu'il faut te dire, nous dire à tous, c'est qu'il n'y a qu'un terme à notre situation: la lumière, et alors, partant de ce terme qui domine tout, il faut étouffer tout ce qui gronde dans nos cœurs, ne voir que lui et chercher à l'atteindre le plus tôt possible car les heures deviennent de plomb, en faisant appel, comme je te le disais hier au soir, à tous les concours, à toutes les bonnes volontés pour t'aider à faire la lumière; je suis sûr que tu en trouveras et que devant cette douleur immense, effroyable d'une épouse, d'une mère qui ne veut que la vérité, l'honneur du nom que portent ses enfants, tout se taira, pour ne voir que le but suprême, cette œuvre aussi noble qu'élevée. Donc, chère Lucie, gémir, nous lamenter, nous entretenir de nos souffrances, tout cela ne nous avancera à rien.

Sois calme, réfléchie, mais rassemble ton courage, entoure-toi de tous les conseils pour poursuivre et atteindre le but et souhaitons pour toi que ce moment ne tarde plus trop.

Embrasse tes parents, nos frères et sœurs, les tiens pour moi.

Je t'embrasse comme je t'aime, plus fort que jamais, de toute la puissance de mon affection, ainsi que nos chers et adorés enfants.

Ton dévoué,

ALFRED.

5 heures du matin.

Avant de remettre cette lettre, je veux encore venir t'embrasser, de toute mon âme, de toutes mes forces, te répéter que ta conscience, ton devoir, nos enfants, doivent être pour toi des leviers irrésistibles qu'aucune douleur humaine ne saurait faire ployer.

Septembre 1896.

Chère et bonne Lucie,

Je t'écris au reçu du courrier de Juillet. La détente nerveuse a été trop forte, trop violente. J'ai un besoin irrésistible de venir causer avec toi, après ce long silence angoissé de tout un mois.

Oui, parfois la plume me tombe des mains, et je me demande à quoi bon écrire tant; je suis hébété par tant de souffrances, ma pauvre et chère Lucie.

Oui, souvent aussi je me demande ce que j'ai fait pour que toi que j'aime tant, mes pauvres enfants, nous tous enfin, soyons appelés à souffrir ainsi et j'ai certes des moments de désespérance farouche, de colère aussi, car je ne suis pas un saint. Mais alors, j'ai toujours évoqué, j'évoque toujours ta pensée, celle des pauvres petits, et ce que j'ai voulu t'inspirer, vous inspirer à tous, depuis le début de ce lugubre drame, c'est qu'au-dessus de tout cela, il y a quelque chose de plus haut, de plus élevé. Ma lettre est comme un hurlement de douleur, car nous sommes comme de grands blessés dont les âmes sont tellement frappées par la douleur, dont les corps sont tellement exaspérés par une si longue souffrance, que la moindre chose suffit à faire déborder la coupe trop pleine, trop contenue.

Mais, chère Lucie, parler toujours de sa douleur ne lui est pas un remède et ne fait que l'exaspérer. Il faut voir les choses telles qu'elles sont et nous sommes tous horriblement malheureux.

Certes, le but domine tout, souffrances et vie, je te l'ai dit bien souvent, car il s'agit de l'honneur d'un nom, de la vie de nos enfants ; ce but doit être poursuivi sans faiblesse, jusqu'à ce qu'il soit atteint. Mais l'esprit humain est ainsi fait qu'il vit des impressions de chaque jour, et chaque journée se compose de trop de minutes épouvantables, dans l'attente depuis si longtemps d'un meilleur lendemain.

Ce n'est ni avec des colères, ni avec des lamentations que vous hâterez le moment où la vérité sera découverte. Rassemble tout ton courage, et il doit être grand ; forte de ta conscience, du devoir à remplir, ne vois que le but, ne consulte que ton cœur d'épouse et de mère, horriblement mutilé, broyé, depuis de si longs mois.

Oh ! chère Lucie, écoute-moi bien, car moi j'ai tant souffert, j'ai supporté tant de choses, que la vie m'est profondément indifférente et je te parle comme de la tombe, du silence éternel qui vous place au-dessus de tout.... Je te parle en père, au nom du devoir que tu as à remplir vis-à-vis de nos enfants.

Va trouver M. le Président de la République, les Ministres, ceux mêmes qui m'ont fait condamner, car si les passions, l'emportement, égarent parfois les esprits les plus honnêtes, les plus droits, les cœurs restent toujours généreux et sont prêts à oublier ce même emportement devant cette douleur effroyable d'une épouse, d'une mère, qui ne veut qu'une chose, la seule que nous ayons à demander, la découverte de la vérité, l'honneur de nos chers petits.

Parle simplement, oublie toutes les petites misères, quelle importance ont-elles devant le but à atteindre? — et je suis sûr que tu trouveras, que vous trouverez tous un concours ardent, généreux, pour sortir le plus tôt possible d'une situation tellement atroce, supportée depuis si longtemps, que je me demande encore comment nos cerveaux à tous ont pu y résister.

Je te parle dans tout mon calme, dans ce grand silence douloureux, il est vrai, mais qui vous élève au-dessus de tout... Agis comme je te le demande... Ne vois qu'une chose, ma chère et bonne Lucie, le but qu'il faut atteindre, la vérité, en faisant appel à tous les dévouements... Oh! car cela je le voudrais avec toutes les fibres de mon être, voir encore le jour où l'honneur nous sera rendu!

Donc courage, chère Lucie, je te le demande avec tout mon cœur, avec toute mon âme.

Je t'embrasse comme je t'aime, de toute la puissance de mon affection, ainsi que nos chers et adorés enfants.

Ton dévoué,

ALFRED.

Le 3 octobre 1896.

Ma chère Lucie.

Je n'ai pas encore reçu le courrier du mois d'août.

Je veux cependant t'écrire quelques mots par le courrier anglais, et t'envoyer l'écho de mon immense affection.

Je t'ai écrit le mois dernier et t'ai ouvert mon cœur, dit toutes mes pensées. Je ne saurais rien y ajouter. J'espère qu'on t'apportera ce concours que tu as le devoir de demander, et je ne puis souhaiter qu'une chose : c'est d'apprendre bientôt que la lumière est faite sur cette horrible affaire. Ce que je veux te dire encore, c'est qu'il ne faut pas que l'horrible acuité de nos souffrances dénature nos cœurs. Il faut que notre nom, que nous mêmes sortions de cette horrible aventure tels que nous étions quand on nous y a fait entrer.

Mais, devant de telles souffrances, il faut que les courages grandissent, non pour récriminer ni pour se plaindre, mais pour demander, vouloir enfin la lumière sur cet horrible drame, démasquer celui ou ceux dont nous sommes les victimes.

D'ailleurs, je t'ai parlé longuement de tout cela dans ma dernière lettre, je ne veux pas me répéter.

Si je t'écris souvent et si longuement, c'est qu'il y a une chose que je voudrais pouvoir exprimer mieux que je ne le fais, c'est que fort de nos consciences, il faut que nous nous élevions au-dessus de tout, sans gémir, sans nous plaindre, en gens de cœur qui souffrent le martyre, qui peuvent y succomber, en faisant simplement notre devoir, et ce devoir, si, pour moi, il est de tenir debout, tant que je pourrai, il est pour toi, pour vous tous, de vouloir la lumière sur ce lugubre drame, en faisant appel à tous les concours, car vraiment je doute que jamais des êtres humains aient jamais souffert plus que nous, je me demande encore chaque jour comment nous avons pu vivre. Je termine à regret ce bavardage, ce moment si court, si fugitif, où je viens bavarder avec toi, où je m'illusionne en pensant que je cause avec toi, que je te parle à cœur ouvert; mais hélas! je sens trop bien que je rabâche, que je me répète toujours, car il n'y a qu'une pensée au fond de mon cœur, il n'y a qu'un cri dans mon âme : connaître la vérité sur cet affreux drame, voir le jour où l'honneur nous sera rendu. Je t'embrasse comme je t'aime, du plus profond de mon cœur, ainsi que mes chers et adorés enfants.

ALFRED.

Le 5 octobre 1896.

Chère et bonne Lucie,

Je viens de recevoir à l'instant tes chères lettres du mois d'août, ainsi que toutes celles de la famille, et c'est sous l'impression profonde non seulement de toutes les souffrances que nous endurons tous, mais de la douleur que je t'ai causée par ma lettre du 6 juillet, que je t'écris.

Ah! chère Lucie, comme l'être humain est faible, comme il est parfois lâche et égoïste. Ainsi que je te l'ai dit, je crois, j'étais à ce moment en proie aux fièvres qui me brûlaient corps et cerveau, moi dont l'esprit est déjà si frappé, dont les tortures sont déjà si grandes. Et alors, dans cette détresse profonde de tout l'être, où l'on aurait besoin d'une main amie, d'une figure sympathique, halluciné par la fièvre, par la douleur, ne recevant pas ton courrier, il a fallu que je te jette mes cris de douleur que je ne pouvais exhaler ailleurs.

Je me ressaisis d'ailleurs, je suis redevenu ce que j'étais, ce que je resterai jusqu'au dernier souffle.

Comme je te l'ai dit dans ma lettre d'avant-hier, il faut que, forts de nos consciences, nous nous élevions au-dessus de tout, mais avec cette volonté ferme, inflexible de faire éclater mon innocence aux yeux de la France entière.

Il faut que notre nom sorte de cette horrible aventure tel qu'il était quand on l'y a fait entrer; il faut que nos enfants entrent dans la vie la tête haute et fière.

Quant aux conseils que je puis te donner, que je t'ai développés dans mes lettres précédentes, tu dois bien comprendre que les seuls conseils que je puisse te donner sont ceux que me suggère mon cœur. Tu es, vous êtes tous mieux placés, mieux conseillés, pour savoir ce que vous avez à faire.

Je souhaite avec toi que cette situation atroce ne tarde pas trop à s'éclaircir, que nos souffrances à tous aient bientôt un terme. Quoiqu'il en soit, il faut avoir cette foi, qui fait diminuer toutes les souffrances, surmonter toutes les douleurs, pour arriver à rendre à nos enfants un nom sans tache, un nom respecté.

Je t'embrasse comme je t'aime, de toutes mes forces, de tout mon cœur, ainsi que nos chers et adorés enfants.

ALFRED.

Le 20 octobre 1896.

Ma chère Lucie,

Je t'ai écrit ces derniers temps de bien nombreuses lettres, dans lesquelles je t'ai encore ouvert mon cœur.

Que puis-je y ajouter? Je ne puis souhaiter qu'une chose, c'est qu'on ait enfin pitié d'un tel martyre, et d'apprendre bientôt que, par les efforts soit des uns, soit des autres, la lumière est faite sur ce terrible drame dont nous souffrons si épouvantablement longtemps.

Ah! oui, chère et bonne Lucie, pour toi comme pour moi, je voudrais bien entendre une bonne parole, parole de paix et de consolation, qui vienne mettre un peu de baume sur nos cœurs si broyés, si torturés.

Ce que je ne puis assez te dire, ma bonne chérie, c'est tout ce que je souffre pour toi, pour nos chers enfants, pour nous tous. Je ne croyais pas qu'on pût vivre avec de telles douleurs; enfin, je ne veux pas insister là-dessus, je ne puis, comme je te le disais, que souhaiter avec toi que, par la découverte de la vérité, nous retrouvions enfin cette atmosphère de bonheur dont nous jouissions tant, l'oubli dans notre affection mutuelle et dans celle de nos enfants.

En attendant tes bonnes lettres, je t'embrasse comme je t'aime, de toutes mes forces, ainsi que nos chers enfants.

Ton dévoué,

ALFRED.

Baisers à tous.

Le 22 novembre 1896.

Ma chère et bonne Lucie,

Je ne t'ai pas écrit au début du mois par le courrier anglais, car j'attendais chaque jour ton courrier de septembre; je ne l'ai pas encore reçu. Comme je te le disais dans ma dernière lettre qui date, hélas, d'un mois déjà, j'espère que d'autres cœurs ressentiront avec nous les atroces souffrances de nos longs mois de martyre, cette torture incessante, inexprimable de toutes les heures, de toutes les minutes, toute l'horreur enfin d'une situation morale aussi écrasante, qu'ils t'apporteront un concours ardent, généreux, dans la découverte de la vérité, et je ne puis que souhaiter pour tous deux, ma pauvre chérie, et pour tous, d'entendre bientôt une parole humaine qui soit une bonne parole, qui vienne mettre un léger baume sur notre cuisante blessure, raffermir un peu nos cœurs, nos cerveaux si ébranlés, si épuisés par tant d'émotions, par tant d'épouvantables secousses. Je ne puis donc, en attendant tes chères lettres, que t'envoyer l'écho de mon immense affection, t'embrasser de tout mon cœur, de toutes mes forces, comme je t'aime, ainsi que nos chers et adorés enfants.

Ton dévoué,

ALFRED.

Baisers à tes chers parents, à tous nos frères et sœurs, à tous les nôtres.

Le 22 décembre 1896.

Ma chère Lucie,

Quelques lignes seulement en attendant tes chères lettres, pour t'envoyer l'écho de ma profonde affection, te répéter toujours de toute mon âme courage et foi, t'embrasser de tout mon cœur, de toutes mes forces, comme je t'aime, ainsi que nos chers et adorés enfants.

Ton dévoué,

Baisers à tous.

ALFRED.

Le 24 décembre 1896.

Ma chère et bonne Lucie,

Je t'ai écrit quelques lignes seulement il y a peu de jours. Mais ma pensée est tellement avec toi, avec nos enfants, nuit et jour! Je sais aussi tout ce que tu souffres, tout ce que vous souffrez tous, que je veux venir causer avec toi avant l'arrivée de ton courrier, si impatiemment attendu chaque mois.

Je sais aussi combien cela soulage de voir seulement l'écriture de ceux que l'on aime, dont on partage toutes les douleurs; je sais aussi qu'il semble ainsi avoir une parcelle d'eux, de leur cœur, les sentir palpiter et vibrer à côté de soi. Et je voudrais pouvoir trouver des expressions qui rendent mieux, non pas ce que je souffre, tu le sais, mon cœur comme le tien n'est qu'une plaie saignante, mais ce que je souffre pour toi, pour nos enfants, combien ma vie est pour vous tous et que, si j'arrive à tenir debout, malgré tous les déchirements de l'être, car toute impression, même banale, même extérieure, produit sur moi l'effet d'une profonde blessure, c'est qu'il y a toi, nos enfants. Je relisais aussi, comme chaque mois, les lettres que j'ai de toi, les compagnons de ma profonde solitude, les lettres de tous, et je crois que tu n'as pas saisi entièrement ma pensée, un peu confuse forcément dans les nombreuses lettres que je t'ai écrites.

Souvent aussi je t'ai dit mes rêves irréalisables dans la pratique, accablé sous les coups qui pleuvent sur moi depuis plus de deux ans sans jamais rien y comprendre, le cerveau détraqué et se demandant en vain de quel horrible rêve nous sommes les jouets depuis si longtemps.

Je profite d'un moment où le cerveau est moins fatigué pour essayer de t'exposer lucidement ma pensée, mes convictions éparses dans mes différentes lettres. Le but, tu le connais, la lumière pleine et entière : ce but sera atteint.

Dis-toi donc que ma confiance, que ma foi sont complètes, car d'une part j'ai l'absolue certitude que l'appel que j'ai fait encore dernièrement au ministre a été entendu, que de ce côté tout sera mis en œuvre pour découvrir la vérité, que d'autre part je vois que vous tous vous luttez pour l'honneur du nom, c'est-à-dire pour notre vie à tous et que rien ne saurait vous en détourner.

J'ajoute qu'il ne s'agit d'apporter dans cette horrible affaire ni acrimonie, ni amertume contre les personnes. Il faut viser plus haut.

Si parfois j'ai exhalé des cris de douleur, c'est que les blessures du cœur sont souvent trop cuisantes, trop brûlantes, et cela fait trop mal. Mais si je me suis fait cette âme de patient que je n'ai pas, que je n'aurai jamais, c'est qu'au dessus de nos souffrances il y a le but, l'honneur de notre nom, la vie de nos enfants. Cette âme doit être la tienne quoi qu'il arrive, quoi qu'il advienne. Il faut que tu sois héroïquement, invinciblement, tout à la fois mère et française.

Je me répète donc, ma chère Lucie : ma confiance, ma foi sont absolues, aussi bien dans les efforts des uns que dans ceux des autres ; j'ai l'absolue certitude que la lumière sera faite et cela est l'essentiel, mais dans un avenir que nous ne connaissons pas.

Or, hélas, les énergies du cœur, celles du cerveau, ont aussi des limites dans une situation aussi atroce que la mienne. Je sais aussi ce que tu souffres et c'est épouvantable.

C'est pourquoi souvent, dans des moments de détresse, car on n'agonise pas ainsi lentement, pas à pas, sans jeter des cris d'agonie, n'ayant qu'un souhait à formuler, voir entre nos enfants et toi le jour où l'honneur nous sera rendu, je t'ai demandé de faire des démarches auprès du Gouvernement qui possède des moyens d'investigation sûrs, décisifs, mais que lui seul est en droit d'employer. Quoiqu'il en soit, et je pense t'avoir exposé clairement ma pensée, ma conviction, je ne puis que te répéter de toute mon âme : confiance et foi ! et souhaiter pour toi, comme pour moi, comme pour tous, que les efforts soit des uns, soit des autres aboutissent bientôt et viennent mettre un terme à cet effroyable martyre moral.

Je t'embrasse comme je t'aime, ainsi que nos chers enfants, du plus profond de mon cœur.

Ton dévoué,

ALFRED.

Baisers à tous.

Le 4 janvier 1897.

Ma chère Lucie,

Je viens de recevoir tes lettres de novembre ainsi que celles de la famille. L'émotion profonde qu'elles me causent est toujours la même : indescriptible.

Comme toi, ma chère Lucie, ma pensée ne te quitte pas, ne quitte pas nos chers enfants, vous tous, et quand mon cœur n'en peut plus, est à bout de forces pour résister à ce martyre qui broie le cœur sans s'arrêter comme le grain sous la meule, qui déchire tout ce qu'on a de plus noble, de plus pur, de plus élevé, qui brise tous les ressorts de l'âme, je me crie à moi-même toujours les mêmes paroles ! Si atroce que soit ton supplice, marche encore afin de pouvoir mourir tranquille, sachant que tu laisses à tes enfants un nom honoré, un nom respecté !

Mon cœur, tu le connais, il n'a pas changé. C'est celui d'un soldat, indifférent à toutes les souffrances physiques, qui met l'honneur avant, au-dessus de tout, qui a vécu, qui a résisté à cet effondrement effroyable, invraisemblable de tout ce qui fait le Français, l'homme, de ce qui seul enfin permet de vivre, parce qu'il était père et qu'il faut que l'honneur soit rendu au nom que portent nos enfants.

Je t'ai écrit longuement déjà, j'ai essayé de te résumer lucidement, de t'exposer pourquoi ma confiance, ma foi étaient absolues, aussi bien dans les efforts des uns que dans ceux des autres, car, crois-le bien, aies-en l'absolue certitude, l'appel que j'ai encore fait, au nom de nos enfants, crée un devoir auquel des hommes de cœur ne se soustraient jamais ; d'autre part, je connais trop tous les sentiments qui vous animent pour penser jamais qu'il puisse y avoir un moment de lassitude chez aucun, tant que la vérité ne sera pas découverte.

Donc, tous les cœurs, toutes les énergies vont converger vers le but suprême, courir sus à la bête jusqu'à ce qu'elle soit forcée : l'auteur ou les auteurs de ce crime infâme. Mais, hélas! comme je te l'ai dit aussi, si ma confiance est absolue, les énergies du cœur, celles du cerveau, ont des limites dans une situation aussi atrocement épouvantable, supportée depuis si longtemps. Je sais aussi ce que tu souffres et c'est horrible.

Or, il n'est pas en ton pouvoir d'abréger mon martyre, le nôtre. Le gouvernement seul possède des moyens d'investigation assez puissants, assez décisifs pour le faire, s'il ne veut pas qu'un Français, qui ne demande à sa patrie que la justice, la pleine lumière, toute la vérité sur ce lugubre drame, qui n'a plus qu'une chose à demander à la vie, voir encore pour ses chers petits le jour où l'honneur leur sera rendu, ne succombe sous une situation aussi écrasante, pour un crime abominable qu'il n'a pas commis.

J'espère donc que le gouvernement aussi t'apportera son concours. Quoiqu'il en soit de moi, je ne puis donc que te répéter de toutes les forces de mon âme d'avoir confiance, d'être toujours courageuse et forte et t'embrasser de tout mon cœur, de toutes mes forces comme je t'aime, ainsi que nos chers et adorés enfants.

Ton dévoué,

ALFRED.

Le 6 janvier 1897.

Ma chère Lucie,

J'éprouve encore le besoin de venir causer avec toi, de laisser courir ma plume. L'équilibre instable que je ne maintiens qu'à grand peine pendant tout un long mois de souffrances inouïes se rompt quand je reçois tes chères lettres, toujours si impatiemment attendues; elles éveillent en moi un monde de sensations, d'impressions que j'avais comprimées pendant trente longs jours et je me demande en vain quel sens il faut donner à la vie pour que tant d'êtres humains puissent être appelés à souffrir ainsi, et puis j'ai encore tant souffert dans les derniers mois qui viennent de s'écouler que c'est auprès de toi que je viens réchauffer mon cœur glacé. Je sais aussi, ma chérie, comme toi, que je me répète toujours, depuis d'ailleurs le premier jour de ce lugubre drame, car ma pensée est une comme la tienne, comme la vôtre, comme la volonté qui doit nous soutenir, nous inspirer.

Et quand je viens ainsi bavarder avec toi quelques instants, oh! bien fugitifs, eu égard à ce que ma pensée ne te quitte pas un instant, de jour ou de nuit, il me semble vivre ce court moment avec toi, sentir ton cœur gémir avec le mien et je voudrais alors te presser dans mes bras, te prendre les deux mains et te dire encore : « Oui, tout cela est atroce, mais jamais un moment de découragement ne doit entrer dans ton âme, pas plus qu'il n'en entre dans la mienne. Comme je suis Français et père, il faut que tu sois Française et mère. Le nom que portent nos chers enfants doit être lavé de cette horrible souillure, il ne doit pas rester un seul Français qui puisse douter de notre honneur ! »

C'est là le but, toujours le même.

Mais, hélas ! si l'on peut être stoïque devant la mort, il est difficile de l'être devant la douleur de chaque jour, devant cette pensée lancinante de se demander quand finira enfin cet horrible cauchemar dans lequel nous vivons depuis si longtemps, si cela peut s'appeler vivre que de souffrir sans répit.

Je vis depuis si longtemps dans l'attente toujours déçue d'un meilleur lendemain, luttant non pas contre les défaillances de la chair — elles me laissent bien indifférent, peut être précisément parce que je suis hanté par d'autres préoccupations — mais contre celles du cerveau, contre celles du cœur. Et alors, dans ces moments de détresse horrible, de douleur presque insupportable, d'autant plus grande qu'elle est plus contenue, plus retenue, je voudrais te crier à travers l'espace : « Ah ! chère Lucie, cours chez ceux qui dirigent les affaires de notre pays, chez ceux qui ont mission de nous défendre, afin qu'ils t'apportent le concours ardent, actif, de tous les moyens dont ils disposent pour faire enfin la lumière sur ce lugubre drame, pour découvrir la vérité, toute la vérité, la seule chose que nous ayons à demander ! »

Voilà donc en quelques mots ce que voudrais, ce que j'ai toujours voulu et que je ne puis croire qu'on ne t'apporte pas : c'est le concours de toutes les forces dont dispose le gouvernement pour aboutir enfin à découvrir la vérité, à faire rendre justice à un soldat qui souffre le martyre et les siens avec lui, afin de mettre le plus tôt possible un terme à une situation aussi atroce qu'intolérable, qu'aucun être humain, ayant un cœur, un cerveau, ne saurait supporter indéfiniment.

Je ne puis donc que souhaiter pour nous tous que ce concours d'efforts, de bonnes volontés, aboutisse bientôt et te répéter toujours, invariablement : courage et foi !

Et maintenant j'ai déjà fini de causer avec toi et cela m'est un déchirement que de terminer ma lettre. Mais de quoi pourrais-je te parler ? Est-ce que nos vies, celles de nos enfants, l'avenir de toute une famille ne dépendent pas de cette pensée unique qui règne dans nos cœurs ? Est-ce qu'il saurait y avoir, comme tu le dis si bien, d'autre remède à nos maux que la réhabilitation pleine et entière ?

Mais si ce but doit être poursuivi sans une minute de faiblesse ni de lassitude jusqu'à ce qu'il soit atteint, oh ! chère Lucie, je souhaite aussi de toute mon âme qu'on ait égard à tant de souffrances, de douleurs accumulées sur tant d'êtres humains qui n'ont qu'une chose à demander, la découverte de la vérité ; et je veux cependant terminer, mais dis-toi bien qu'à tout moment du jour ou de la nuit ma pensée, mon cœur sont avec toi, avec nos chers enfants, pour te crier courage et de redire toujours courage !

Je t'embrasse comme je t'aime, de toute la puissance de mon affection, ainsi que nos chers enfants.

Ton dévoué,

ALFRED.

Baisers à tous.

Le 20 janvier 1897.

Ma chère et bonne Lucie,

Je t'ai écrit longuement au reçu de ton courrier. Quand on supporte un tel supplice, et depuis si longtemps, tout ce qui bouillonne en soi s'échappe irrésistiblement, comme la vapeur soulève la soupape dans la chaudière surchauffée.

Je t'ai dit que ma confiance était égale aussi bien dans les efforts des uns que dans ceux des autres; je ne veux pas y revenir.

Mais je t'ai dit aussi que s'il n'entrait jamais un moment de découragement dans mon âme, pas plus qu'il ne doit en entrer dans la tienne, pas plus qu'il ne saurait en entrer dans aucune des nôtres, les énergies du cœur, celles du cerveau avaient des limites dans une situation aussi atroce qu'invraisemblable; les heures deviennent de plus en plus lourdes, les minutes même ne passent plus.

Je sais aussi ce que tu souffres, ce que vous souffrez tous, et c'est horrible.

Tout cela, certes, tu le sais, mais si je t'en parle encore, c'est qu'il faut savoir envisager la situation en face, courageusement, franchement. Or, d'une part, il n'y a qu'un terme à nos atroces tortures à tous, c'est la découverte de la vérité, de toute la vérité, la réhabilitation pleine et entière.

Et alors, c'est précisément parce que la tâche est louable, parce que nous souffrons tous du mal le plus aigu dont jamais âmes humaines aient été torturées, parce qu'aussi, dans cette horrible affaire, s'agite ce double intérêt; celui de la patrie et le nôtre, c'est précisément pour cela, chère Lucie, que tu as le devoir de faire appel aussi aux forces dont dispose le Gouvernement pour mettre le plus tôt possible un terme à cet effroyable martyre, auquel nul être humain ayant un cœur, un cerveau, ne saurait résister indéfiniment.

Et je voudrais résumer ma pensée en quelques mots.... Mais hélas! ce que je supporte depuis si longtemps, dans l'attente, toujours renouvelée en vain, d'un meilleur lendemain, finit par excéder les limites des forces humaines.

Et alors, ce que tu as à demander, ce qu'on doit certes comprendre, c'est parce que les forces humaines ont des limites, c'est parce que la seule chose que je demande à ma patrie, c'est la découverte de la vérité, la pleine lumière, voir encore pour mes chers petits le jour où l'honneur leur sera rendu, ce que tu as à demander, dis-je, c'est qu'on mette tout en œuvre pour hâter le moment où ce but sera atteint; j'ai l'absolue conviction qu'on t'écoutera, que les cœurs s'émouvront devant notre douleur immense, devant ce vœu d'un Français, d'un père.

Quoiqu'il en soit de moi, je veux donc te répéter de toutes les forces de mon âme, courage et foi, te redire encore que ma pensée ne te quitte pas un seul instant, ainsi que mes chers enfants, c'est ce qui me donne la force de vivre ces longues et atroces journées, t'embrasser de tout mon cœur, de toutes mes forces, comme je t'aime, ainsi que nos chers et adorés enfants, en attendant tes chères lettres, seul rayon de bonheur qui vienne réchauffer mon cœur meurtri et broyé.

Ton dévoué

ALFRED.

Le 21 janvier 1897.

Chère Lucie,

Je t'ai écrit longuement hier au soir; je viens encore causer avec toi. Je me répète toujours, hélas! je dis toujours les mêmes choses; mais lorsqu'on souffre ainsi, sans répit, on a besoin de s'épancher malgré soi, dans une affection sûre. Et puis, cette tension du cerveau devient par trop excessive et aussi je me demande chaque jour comment j'y résiste. Quand je me relis, je constate combien je suis impuissant à rendre notre douleur commune, les sentiments aussi qui sont dans mon cœur. Et alors, parce que l'excès de la souffrance chez les âmes énergiques, loin de les abattre, les pousse aux résolutions énergiques, parce qu'on ne se laisse ni accabler, ni tuer par un destin aussi infâme quand on n'a rien fait pour le mériter; c'est pour tout cela, chère Lucie, que je t'ai dit dans mes lettres, que je t'ai répété hier soir, de grouper autour de toi, autour de vous, tous les concours, toutes les bonnes volontés, pour arriver enfin à voir clair dans ce lugubre drame, dont nous souffrons si épouvantablement et depuis si longtemps. C'est là ce que je voudrais te répéter à tout instant, à toute heure du jour et de la nuit.

Dans une situation aussi lugubre, aussi tragique, que des êtres humains ne sauraient supporter indéfiniment, il faut s'élever au-dessus de toutes les petitesses de l'esprit, au-dessus de toutes les amertumes du cœur pour courir au but.

Je ne puis donc que te le répéter toujours, il faut faire appel à tous les dévouements et j'ai l'intime conviction que tu les trouveras, que l'on écoutera le cri d'appel d'un Français, **d'un** père qui ne demande à sa patrie que la découverte de la vérité, l'honneur de son nom, la vie de ses enfants.

C'est ce que je te dis dans toutes mes lettres, c'est ce que je t'ai répété hier soir, c'est ce que je viens te redire encore plus fortement que jamais : plus les forces décroissent, plus les énergies doivent grandir, les volontés devenir agissantes. Je ne puis, chère Lucie, que souhaiter pour toi comme pour moi, comme pour tous, que ce concours d'efforts aboutisse bientôt, te répéter toujours et encore courage et foi et t'embrasser de toute la puissance de mon affection, ainsi que nos chers et bons enfants.

Ton dévoué,

ALFRED.

Le 5 février 1897.

Chère et bonne Lucie,

C'est toujours avec la même émotion poignante, profonde, que je reçois tes chères lettres. Ton courrier de décembre vient en effet de m'être remis.

Te parler de mes souffrances, à quoi bon ? Tu dois bien penser ce qu'elles peuvent être, accumulées ainsi sans un moment de trêve ou de halte qui vienne retremper les forces, raffermir le cœur, le cerveau si ébranlés, si épuisés.

Je t'ai dit que ma confiance était égale aussi bien dans les efforts des uns que dans ceux des autres, que d'une part j'avais l'absolue conviction que l'appel que j'ai encore fait a été entendu, que je vous connais tous et que vous ne faillirez pas à votre devoir.

Ce que je veux ajouter encore, c'est qu'il ne faut

apporter dans cette horrible affaire ni amertume, ni acrimonie contre les personnes ; je te répéterai aujourd'hui comme au premier jour : au-dessus de toutes les passions humaines, il y a la Patrie.

Sous les pires souffrances, sous les injures les plus atroces, quand la bête humaine se réveillait féroce, faisant vaciller la raison sous les torrents de sang qui brûlent aux yeux, aux tempes, partout, j'ai pensé à la mort, je l'ai souhaitée, souvent je l'appelle encore de toutes mes forces, mais ma bouche s'est toujours hermétiquement close, voulant mourir non seulement en innocent, mais encore en bon et loyal Français qui n'a jamais oublié un seul instant son devoir envers sa patrie. Alors, comme je te le disais, je crois, dans mes dernières lettres, précisément parce que la tâche est louable, parce que tes moyens, les vôtres sont limités par des intérêts autres que les nôtres, parcequ'enfin je ne saurais résister indéfiniment à une situation aussi atroce et que la seule chose que je demande à ma patrie, c'est la découverte de la vérité, voir pour mes chers petits le jour où l'honneur nous sera rendu, c'est pour tout cela, chère Lucie, qu'il faut faire appel à toutes les forces dont dispose un pays, un Gouvernement, pour chercher à mettre le plus tôt possible un terme à cet effroyable martyre, car mon épuisement nerveux et cérébral est grand, je te l'assure, et il serait plus que temps que j'entende enfin une parole humaine qui soit une bonne parole. Enfin, je souhaite pour nous tous que tous ces efforts aboutissent bientôt à faire la lumière sur ce lugubre drame et que j'apprenne bientôt quelque chose de sûr, de positif, que je puisse enfin dormir, reposer un peu.

Mais quoiqu'il en soit de moi, je veux te répéter de toute mon âme, courage et foi !

Je t'embrasse comme je t'aime, de toute la puissance de mon affection, ainsi que nos chers petits
Ton dévoué,

ALFRED.

Baisers à tes chers parents, à tous les nôtres.

Le 20 février 1897.

Ma chère Lucie,

Je t'ai encore écrit de nombreuses lettres dans ces derniers mois et je me répète toujours. C'est que, si les souffrances s'accroissent, si les nausées deviennent presque insurmontables, les sentiments qui règnent dans mon âme, qui doivent régner dans la tienne, dans les vôtres à tous, sont invariables.

Je ne t'écrirai donc pas longuement. Ah ! ce n'est pas que ma pensée ne soit pas avec toi, avec nos enfants, nuit et jour, puisque cela seul me fait vivre ; il n'y a pas d'instant où je ne te parle mentalement, mais devant l'horreur tragique d'une situation aussi épouvantable, supportée depuis si longtemps, devant nos atroces souffrances à tous, les mots n'ont plus aucun sens, il n'y a plus rien à dire. Il n'y a qu'un devoir à remplir, pour vous tous, invariable, immuable.

Je t'ai d'ailleurs donné tous les conseils que mon cœur a pu me suggérer.

Je ne puis que souhaiter d'entendre bientôt une parole humaine, qui vienne mettre un léger baume sur une si profonde blessure, raffermir le cœur, le cerveau si épuisés.

Mais quoiqu'il en soit, je tiens à te répéter toujours, de toutes les forces de mon âme, courage et courage ! Nos enfants, ton devoir, sont pour toi des soutiens qu'aucune douleur humaine ne saurait ébranler.

Je veux donc simplement, en attendant tes chères lettres, t'envoyer l'écho de ma profonde affection, t'embrasser de tout mon cœur, comme je t'aime, ainsi que nos chers et adorés enfants.

Ton dévoué,

ALFRED.

Mes meilleurs baisers à tes parents, à tous les nôtres. Je n'ai pas besoin de leur écrire, nos cœurs à tous vibrent à l'unisson.

Le 5 mars 1897

Ma chère et bonne Lucie,

Je t'ai écrit quelques lignes le 20 février, en attendant tes chères lettres qui ne me sont pas encore parvenues. Je viens d'ailleurs d'apprendre que, par suite d'une avarie de machine, le paquebot n'était pas encore arrivé à la Guyane.

Comme je te l'ai dit dans ma dernière lettre, nous savons trop bien les uns et les autres, quelle est l'horrible acuité de nos souffrances pour qu'il soit utile d'en parler.

Mais ce dont je voudrais imprégner ce froid et banal papier, c'est de tout ce que mon cœur contient, pour toi, pour nos enfants. A tout instant du jour et de la nuit, tu peux te dire que ma pensée est avec eux, et que lorsque mon cœur n'en peut plus, que la coupe trop pleine déborde, c'est en murmurant ces trois noms qui me sont si chers, c'est en me disant toujours : voir encore, pour mes chers petits, le jour où l'honneur sera enfin rendu à leur nom, que je trouve enfin la force de surmonter les nausées atroces, la force de vivre.

Quant aux conseils que je puis te donner, ils ne sauraient varier.

Je te les ai encore exposés longuement dans mes nombreuses lettres de janvier et ils peuvent encore se résumer dans la réunion de toutes les forces dont dispose un pays pour hâter le moment où la vérité sera découverte, pour mettre le plus tôt possible un terme à un tel martyre.

Mais quoiqu'il en soit, je tiens à te répéter toujours qu'au dessus de toutes nos souffrances, qu'au dessus de toutes nos existences il y a un nom à rétablir dans toute son intégrité, aux yeux de la France entière. Ce sentiment doit régner immuablement dans ton âme, dans les nôtres à tous.

Je souhaite simplement pour toi, ma pauvre chérie, comme pour moi, comme pour nous tous, que tous les cœurs sentent avec nous toute l'horreur tragique d'une situation aussi épouvantable supportée depuis si longtemps, cette torture effroyable d'âmes humaines dont le cœur est martelé nuit et jour sans trêve ni repos ; que, par un concours d'efforts sorte encore la seule chose que nous demandons depuis si longtemps : toute la vérité sur ce lugubre drame, et que j'entende bientôt une parole humaine qui vienne mettre un léger baume sur une si profonde blessure.

Je t'embrasse comme je t'aime, de toute la puissance de mon affection, ainsi que nos chers enfants.

Ton dévoué,

ALFRED.

Mes meilleurs baisers à tes chers parents, à tous les nôtres.

Le 28 mars 1897.

Chère Lucie,

Après une longue et anxieuse attente, je viens de recevoir la copie de deux lettres de toi, du mois de janvier. Tu te plains de ce que je ne t'écris plus longuement. Je t'ai écrit de nombreuses lettres fin janvier, peut-être te seront-elles parvenues maintenant.

Et puis, les sentiments qui sont dans nos cœurs, qui régissent nos âmes, nous les connaissons. D'ailleurs, nous avons épuisé tous deux, nous tous enfin, la coupe de toutes les souffrances.

Tu me demandes encore, ma chère Lucie, de te parler longuement de moi. Je ne le puis, hélas! Lorsqu'on souffre aussi atrocement, quand on supporte de telles misères morales, il est impossible de savoir la veille où l'on sera le lendemain.

Tu me pardonneras aussi si je n'ai pas toujours été stoïque, si souvent je t'ai fait partager mon extrême douleur, à toi qui souffrais déjà tant. Mais c'était parfois trop, et j'étais trop seul.

Mais aujourd'hui, chérie, comme hier, arrière toutes les plaintes, toutes les récriminations. La vie n'est rien, il faut que tu triomphes de toutes tes douleurs, quelles qu'elles puissent être, de toutes les souffrances, comme une âme humaine très haute et très pure, qui a un devoir sacré à remplir.

Sois invinciblement forte et vaillante, les yeux fixés droit devant toi, vers le but, sans regarder ni à droite, ni à gauche.

Ah! je sais bien que tu n'es aussi qu'un être humain..., mais quand la douleur devient trop grande, si les épreuves que l'avenir te réserve sont trop fortes, regarde nos chers enfants, et dis-toi qu'il faut que tu vives, qu'il faut que tu sois là, leur soutien, jusqu'au jour où la patrie reconnaîtra ce que j'ai été, ce que je suis.

D'ailleurs, comme je te l'ai dit, j'ai légué à ceux qui m'ont fait condamner un devoir auquel ils ne failliront pas, j'en ai l'absolue certitude.

Te parler de l'éducation des enfants, c'est inutile, n'est-ce pas? Nous avons trop souvent dans nos longues causeries, épuisé ce sujet, et nos cœurs, nos sentiments, tout en nous enfin était si uni, que tout naturellement l'accord s'est fait sur ce qu'elle devait être, et qui peut se résumer en ceci : en faire des êtres forts physiquement et moralement.

Je ne veux pas insister trop longuement sur tout ceci, car il est des pensées trop tristes, dont je ne veux pas t'accabler.

Mais ce que je veux te répéter de toutes les forces de mon âme, de cette voix que tu devras toujours entendre, c'est courage et courage! Ta patience, ta volonté, les nôtres, ne devront jamais se lasser jusqu'à ce que la vérité tout entière soit révélée et reconnue.

Ce que je ne saurais assez mettre dans mes lettres, c'est tout ce que mon cœur contient d'affection pour toi, pour tous. Si j'ai pu résister jusqu'ici à tant de misères morales, c'est que j'ai puisé cette force dans ta pensée, dans celle des enfants.

J'espère maintenant que tes lettres d'avril vont me parvenir bientôt, et que je ne subirai pas pour elles une si longue attente.

Je termine en te serrant dans mes bras, sur mon cœur, de toute la puissance de mon affection, et en te répétant toujours et encore : courage et courage!

Mille baisers à nos chers enfants.

Ton dévoué,

ALFRED.

Et pour tous, quoiqu'il arrive, quoiqu'il advienne, ce cri profond, invincible de mon âme : haut les cœurs! La vie n'est rien, l'honneur est tout..... Et pour toi, toute la tendresse de mon cœur.

Le 24 avril 1897.

Chère Lucie,

Je veux venir causer avec toi en attendant tes chères lettres, non pour te parler de moi, mais pour te dire toujours les mêmes paroles qui doivent soutenir ton inaltérable courage et puis aussi, faiblesse humaine bien excusable, pour venir réchauffer un peu mon cœur si torturé auprès du tien, non moins torturé, hélas!

Je relisais tes lettres de février et tu t'étonnes, tu t'excuses presque des cris de douleur, de révolte que ton cœur laisse échapper parfois. Ne t'en excuse pas, ils sont trop légitimes. Dans cette longue agonie de la pensée que je subis, crois bien que les mêmes douleurs je les connais. Oui, certes, tout cela est épouvantable; aucune parole humaine n'est capable de rendre, d'exprimer de telles douleurs, et parfois l'on voudrait hurler, tant une pareille douleur est inexprimable. J'ai aussi des moments terribles, atroces, d'autant plus épouvantables qu'ils sont plus contenus, que jamais une plainte ne s'exhale de mes lèvres muettes, où alors la raison s'effondre, où tout en moi se déchire, se révolte. Il y a longtemps, je te disais que souvent dans mes rêves je pensais : eh! oui, tenir seulement pendant quelques minutes entre mes mains l'un des complices misérables de l'auteur de ce crime infâme, et dussé-je lui arracher la peau lambeau par lambeau, je lui ferais bien avouer leurs viles machinations contre notre pays; mais tout cela, douleurs et pensées, ce ne sont que des sentiments, ce ne sont que des rêves, et c'est la réalité qu'il faut voir.

Et la réalité, la voici, toujours la même : c'est que dans cette horrible affaire il y a double intérêt en jeu, celui de la patrie, le nôtre, que l'un est aussi sacré que l'autre.

C'est pour cela que je ne veux ni chercher à comprendre, ni savoir pourquoi l'on me fait ainsi succomber sous tous les supplices. Ma vie est à mon pays, aujourd'hui comme hier, qu'il la prenne; mais si ma vie lui appartient, son devoir imprescriptible est de faire la lumière pleine et entière sur cet horrible drame, car mon honneur ne lui appartient pas, c'est le patrimoine de nos enfants, de nos familles.

Par conséquent, chère Lucie, je te répéterai toujours, à toi comme à tous, étouffez vos cœurs, comprimez vos cerveaux. — Quant à toi, il faut que tu sois héroïquement, invinciblement, tout à la fois mère et Française.

Maintenant, chérie, te parler de moi, je ne le puis plus. Si tu savais tout ce que j'ai subi, tout ce que j'ai supporté, ton âme en frémirait d'horreur, et je ne suis aussi qu'un être humain qui a un cœur, que ce cœur est gonflé à éclater, et que j'ai un besoin, une soif immense de repos. Ah! représente-toi ce qu'une journée de vingt-quatre heures compte de minutes épouvantables dans l'inactivité la plus active, la plus absolue, à me tourner les pouces, en tête à tête avec mes pensées.

Si j'ai pu résister jusqu'ici à tant de tourments, c'est que j'ai évoqué souvent ta pensée, celle de nos enfants, de vous tous, et puis je savais aussi ce que tu souffrais, comme vous souffriez tous.

Donc, chérie, accepte tout, quoiqu'il arrive, quoiqu'il advienne, en souffrant en silence, comme une âme humaine très haute et très fière, qui est mère et qui veut voir le nom qu'elle porte, que portent ses enfants, lavé de cette souillure horrible.

Donc à toi, comme à tous, toujours et encore, courage et courage!

Tu embrasseras tes chers enfants pour moi, tu leur diras mon affection.

Tu embrasseras aussi tes chers frères et sœurs, les miens pour moi.

Et pour toi, pour nos chers enfants, tout ce que mon cœur contient de puissante affection.

ALFRED.

Le 4 mai 1897.

Chère et bonne Lucie,

Je viens de recevoir ton courrier de mars, celui de la famille, et c'est toujours avec la même émotion poignante, avec la même douleur que je te lis, que je vous lis tous, tant nos cœurs sont blessés, déchirés par tant de souffrances.

Je t'ai déjà écrit il y a quelques jours en attendant tes chères lettres et je te disais que je ne voulais ni chercher, ni comprendre, ni savoir pourquoi l'on me faisait succomber ainsi sous tous les supplices. Mais si dans la force de ma conscience, dans le sentiment de mon devoir, j'ai pu m'élever ainsi au-dessus de tout, étouffer toujours et encore mon cœur, éteindre toutes les révoltes de mon être, il ne s'ensuit pas que mon cœur n'ait profondément souffert, que tout, hélas! ne soit en lambeaux.

Mais aussi je t'ai dit qu'il n'entrait jamais un moment de découragement dans mon âme, qu'il n'en doit pas plus entrer dans la tienne, dans les vôtres à tous.

Oui, il est atroce de souffrir ainsi, oui, tout cela est épouvantable et déroute toutes les croyances en ce qui fait la vie noble et belle...; mais aujourd'hui, il ne saurait y avoir d'autre consolation pour les uns comme pour les autres que la découverte de la vérité, la pleine lumière.

Quelle que soit donc ta douleur, quelles que puissent être vos souffrances à tous, dis-toi qu'il y a un devoir sacré à remplir que rien ne saurait ébranler: ce devoir est de rétablir un nom, dans toute son intégrité, aux yeux de la France entière.

Maintenant, te dire tout ce que mon cœur contient pour toi, pour nos enfants, pour vous tous, c'est inutile, n'est-ce pas ? Dans le bonheur, on ne s'aperçoit même pas de toute la profondeur, de toute la puissance de tendresse qui réside au fond du cœur pour ceux que l'on aime. Il faut le malheur, le sentiment des souffrances qu'endurent ceux pour qui l'on donnerait jusqu'à la dernière goutte de son sang, pour en comprendre la force, pour en saisir le puissance. Si tu savais combien souvent j'ai dû appeler à mon aide, dans les moments de détresse, ta pensée, celle des enfants, pour nous forcer à vivre encore, pour accepter ce que je n'aurais jamais accepté sans le sentiment du devoir.

Et cela me ramène toujours à cela, ma chérie : fais ton devoir, héroïquement, invinciblement, comme une âme humaine très haute et très fière qui est mère et qui veut que le nom qu'elle porte, que porte ses enfants soit lavé de cette horrible souillure.

Donc à toi, comme à tous, toujours et encore, courage et courage! Te parler de moi, je ne le puis, je t'en ai donné les raisons dans ma précédente lettre. Je veux donc simplement terminer ces quelques lignes en t'embrassant de tout mon cœur, de toutes mes forces, comme je t'aime, ainsi que nos chers enfants.

Ton dévoué,

Alfred.

Remercie tes chers parents, tous les nôtres de leurs lettres si empreintes d'une profonde tendresse et d'une non moins profonde douleur. A quoi bon leur écrire ? Parler de moi, de nos souffrances, hélas ! nous nous connaissons trop bien les uns les autres pour ne pas savoir d'abord l'affection intense qui nous unit, ensuite la douleur profonde qui emplit nos âmes. Mais pour tous, invariablement, toujours courage ! Comme le dit si bien M..., il y a un but à atteindre, devant lequel il faut oublier toutes les douleurs présentes quelles qu'elles soient.

Le 20 mai 1897.

Ma chère Lucie,

Bien souvent j'ai pris la plume pour causer avec toi, détendre mon cœur broyé et brisé auprès du tien...; mais chaque fois les cris de notre douleur commune jaillissaient malgré moi.

A quoi bon ? Devant un pareil martyre, devant de telles souffrances, le silence s'impose pour moi.

Ce que je veux te répéter simplement, c'est ce cri toujours ardent, invariable de mon âme : courage et courage ! Devant le but à atteindre tu ne dois compter ni avec le temps, ni avec les souffrances; il faut attendre avec confiance qu'il soit atteint.

Je t'embrasse comme je t'aime, de toute la puissance de mon affection, ainsi que nos chers et adorés enfants.

Ton dévoué,

ALFRED.

Mes meilleurs baisers à tes chers parents, à tous les nôtres.

Le 5 juillet 1897.

Ma chère et bonne Lucie,

Je viens de recevoir ton courrier du mois d'avril, ainsi que celui de mai et toutes les lettres de la famille.

Je m'associe de toutes les forces de mon âme aux vœux de bonheur que tu fais avec tant de cœur pour Marie. En l'embrassant de ma part, tu lui diras encore que j'ai trouvé quelques larmes, moi qui ne sais plus pleurer, en pensant à sa joie mêlée de tan de souffrances.

Je souhaite aussi de toutes les forces de mon âme pour toi, ma pauvre chérie, que le terme de cet effroyable martyre soit proche et si un homme qui a tant souffert peut encore exprimer un vœu, je joins les mains dans une prière suprême, que j'adresse encore à tous ceux auxquels j'ai fait appel, pour qu'ils t'apportent un concours plus ardent, plus généreux que jamais dans la découverte de la vérité. Je suis d'ailleurs certain que ce concours t'est tout acquis, pleinement acquis..., et je souhaite avec tout ce que mon cœur contient de tendresse pour toi, d'affection pour nos enfants, que tous ces efforts aboutissent bientôt.

Pour moi, chère et bonne Lucie, pour moi qui t'aurais donné de tout mon cœur, de toute mon âme, toutes les gouttes de mon sang, pour t'alléger une peine, pour t'épargner une souffrance..., je n'ai pu que vivre depuis si longtemps au milieu de tant de tortures. Je l'ai fait pour toi, pour nos enfants.

Mais je veux te répéter toujours : courage et courage! Mes enfants sont l'avenir, c'est leur vie qu'il faut assurer. Et je veux terminer ces quelques lignes pour t'exprimer encore les deux sentiments qui règnent dans mon âme : d'abord, t'envoyer encore toute ma tendresse, toute ma profonde affection pour toi, pour nos enfants, pour tes chers parents, pour mes chers frères et sœurs, te serrer encore dans mes bras, te presser encore sur mon cœur, avec toutes les forces qui me restent, avec toute ma puissance d'aimer; puis, ce second sentiment, pour te répéter toujours d'être grande et forte, quoiqu'il arrive, quelles que soient les épreuves terribles que l'avenir puisse encore te réserver, de penser toujours et encore à nos chers enfants qui sont l'avenir, dont il faut que tu sois le soutien inébranlable jusqu'au jour où la lumière sera faite.

Et puis, je veux encore répéter le vœu suprême d'un homme qui a subi le plus effroyable des martyres, qui a toujours et partout fait son devoir : c'est qu'on t'apporte une bonne parole, une main secourable, une aide énergique et puissante que rien ne doit lasser dans la découverte de la vérité.

Tout mon être, toute ma pensée, tout mon cœur s'élancent encore dans un effort suprême, vers toi, vers nos chers enfants, vers tes chers parents, vers tous ceux que j'aime, en souhaitant de toutes les forces de mon âme que l'avenir soit proche qui vous apporte à tous le repos d'esprit, le calme, la tranquillité, tout le bonheur que tu mérites si bien, que vous méritez tous.

Donc, chère et bonne Lucie, toujours et toujours courage.

Je t'embrasse comme je t'aime, ainsi que nos chers et adorés enfants, tes chers parents, tous les nôtres.

Ton dévoué,

ALFRED.

Le 22 juillet 1897.

Ma chère Lucie,

Quelques lignes seulement en attendant tes chères lettres.

Je souffre trop pour toi, pour nos enfants, pour tous, je sais trop bien quelles sont tes tortures, pour que je puisse te parler de moi.

Pauvre amie, méritais-tu de supporter aussi un pareil martyre ! Mon cœur se brise, mon cerveau se rompt devant tant de douleurs accumulées sur tous, si longues, si imméritées.

J'ai fait encore de chaleureux appels pour toi, pour nos enfants. Je suis sûr que le concours qui te sera donné sera plus ardent, plus actif que jamais. Dans mes longues nuits de douleur, où ma pensée se reporte constamment sur toi, sur nos enfants, je joins souvent les mains dans une prière muette où je mets toute mon âme, pour que ce supplice effroyable de tant de victimes innocentes ait bientôt un terme.

Quoiqu'il en soit, chère Lucie, je veux te répéter toujours, tant que j'aurai encore un souffle de vie, courage et courage !

Nos enfants, ton devoir, sont pour toi des soutiens que rien ne doit ébranler, qu'aucune douleur humaine ne saurait amoindrir.

Et je veux terminer en imprégnant, tant que je le

peux, ces quelques lignes de tout ce que mon cœur renferme pour toi, pour nos chers enfants, pour tes chers parents, pour tous, te dire encore que nuit et jour ma pensée, tout mon être s'élance vers eux, vers toi, et que c'est de cela seul que je vis — te serrer enfin dans mes bras de toute la puissance de mon affection, t'embrasser ainsi que nos chers enfants, comme je t'aime.

Ton dévoué,

ALFRED.

Mille baisers à tes chers parents, mes plus profonds souhaits de bonheur encore pour notre chère Marie, tout autant de baisers à nos frères et sœurs. Et pour tous invariablement, quelles que soient leurs souffrances, quelle que soit leur effroyable douleur, toujours courage !

———

Le 10 août 1897.

Chère Lucie,

Je viens de recevoir à l'instant tes trois lettres du mois de juin, toutes celles de la famille, et c'est sous l'impression toujours aussi vive, aussi poignante, qu'évoquent en moi tant de doux souvenirs, tant d'aussi épouvantables souffrances que je veux y répondre.

Je te dirai encore une fois, d'abord toute ma profonde affection, toute mon immense tendresse, toute mon admiration pour ton noble caractère ; je t'ouvrirai aussi toute mon âme et te dirai ton devoir, ton droit, ce droit que tu ne dois abandonner que devant la mort. Et ce droit, ce devoir imprescriptible, aussi bien pour mon pays que pour toi, que pour vous tous, c'est de vouloir la lumière pleine et entière sur cet horrible drame, c'est de vouloir, sans faiblesse, comme sans jactance, mais avec une énergie indomptable, que notre nom, le nom que portent nos chers enfants, soit lavé de cette horrible souillure.

Et ce but, tu dois, vous devez l'atteindre en bons et vaillants Français qui souffrent le martyre, mais qui, ni les uns, ni les autres, quels qu'aient été les outrages, les amertumes, n'ont jamais oublié un seul instant leur devoir envers la patrie. Et le jour où la lumière sera faite, où toute la vérité sera découverte, et il faut qu'elle le soit, ni le temps, ni la patience, ni la volonté ne devant compter devant un but pareil; eh! bien, si je ne suis plus là, il t'appartiendra de laver ma mémoire de ce nouvel outrage aussi injuste que rien n'a jamais justifié. Et, je le répète, quelles qu'aient été mes souffrances, si atroces qu'aient été les tortures qui m'ont été infligées, tortures inoubliables et que les passions qui égarent parfois les hommes peuvent seules excuser, je n'ai jamais oublié qu'au-dessus des hommes, qu'au-dessus de leurs passions, qu'au-dessus de leurs égarements, il y a la patrie. C'est à elle alors qu'il appartiendra d'être mon juge suprême.

Être un honnête homme ne consiste pas seulement à ne pas être capable de voler cent sous dans la poche de son voisin; être un honnête homme, dis-je, c'est pouvoir toujours se mirer dans ce miroir qui n'oublie pas, qui voit tout, qui connaît tout; pouvoir se mirer, en un mot, dans sa conscience, avec la certitude d'avoir toujours et partout fait son devoir. Cette certitude, je l'ai.

Donc, chère et bonne Lucie, fais ton devoir courageusement, impitoyablement, en bonne et vaillante Française qui souffre le martyre, mais qui veut que le nom qu'elle porte, que portent ses enfants, soit lavé de cette épouvantable souillure. Il faut que la lumière soit faite, qu'elle soit éclatante. Le temps ne fait plus rien à l'affaire.

D'ailleurs, je sais trop bien que les sentiments qui m'animent vous animent tous, nous sont communs à tous, à ta chère famille comme à la mienne.

Te parler des enfants, je ne le puis. D'ailleurs, je te connais trop bien pour douter un seul instant de la manière dont tu les élèves. Ne les quitte jamais, sois toujours avec eux de cœur et d'âme, écoute-les toujours, quelque importunés que puissent être leurs questions.

Comme je te l'ai dit souvent, élever ses enfants ne consiste pas seulement à leur assurer la vie matérielle et même intellectuelle, mais à leur assurer aussi l'appui qu'ils doivent trouver auprès de leurs parents, la confiance que ceux-ci doivent leur inspirer, la certitude qu'ils doivent toujours avoir de savoir où épancher leur cœur, où trouver l'oubli de leurs peines, de leurs déboires, si petits, si naïfs qu'ils paraissent parfois.

Et, dans ces dernières lignes, je voudrais encore mettre toute ma profonde affection pour toi, pour nos chers enfants, pour tes chers parents, pour vous tous enfin, tous ceux que j'aime du plus profond de mon cœur, pour tous nos amis dont je devine, dont je connais le dévouement inaltérable, te dire et te redire encore courage et courage, que rien ne doit ébranler ta volonté, qu'au-dessus de ma vie plane le souci suprême, celui de l'honneur de mon nom, du nom que tu portes, que portent mes enfants, t'embraser du feu ardent qu'anime mon âme, feu qui ne s'éteindra qu'avec ma vie.

Je t'embrasse du plus profond de mon cœur, de toutes mes forces, ainsi que mes chers et adorés enfants.

Ton dévoué,

ALFRED.

Mille baisers aux chers enfants encore et toujours; tous mes souhaits de bonheur pour Marie et son cher mari; tout autant de baisers pour tous mes chers frères et sœurs, pour Lucie et Henri.

———

Le 4 septembre 1897.

Chère Lucie,

Je viens de recevoir le courrier du mois de juillet. Tu me dis encore d'avoir la certitude de l'entière lumière; cette certitude est dans mon âme, elle s'inspire des droits qu'a tout homme de la demander, de la vouloir, quand il ne veut qu'une chose : la vérité.

Tant que j'aurai la force de vivre dans une situation aussi inhumaine qu'imméritée, je t'écrirai donc pour t'animer de mon indomptable volonté.

D'ailleurs, les dernières lettres que je t'ai écrites sont comme mon testament moral. Je t'y parlais d'abord de notre affection; je t'y avouais aussi des défaillances physiques et cérébrales, mais je t'y disais non moins énergiquement ton devoir, tout ton devoir.

Cette grandeur d'âme que nous avons tous montrée, les uns comme les autres, qu'on ne se fasse nulle illusion, cette grandeur d'âme ne doit être ni de la faiblesse, ni de la jactance; elle doit s'allier, au contraire, à une volonté chaque jour grandissante, grandissante à chaque heure du jour, pour marcher au but : la découverte de la vérité, de toute la vérité pour la France entière.

Certes, parfois la blessure est par trop saignante, et le cœur se soulève, se révolte; certes, souvent, épuisé comme je le suis, je m'effondre sous les coups de massue, et je ne suis plus alors qu'un pauvre être humain d'agonie et de souffrances; mais mon âme indomptée me relève, vibrant de douleur, d'énergie, d'implacable volonté devant ce que nous avons de plus précieux au monde : notre honneur, celui de nos enfants, le nôtre à tous; et je me redresse encore pour jeter à tous le cri d'appel vibrant de l'homme qui ne demande, qui ne veut que de la justice, pour venir toujours et encore vous embraser tous du feu ardent qui anime mon âme, qui ne s'éteindra qu'avec ma vie.

Moi, je ne vis que de ma fièvre, depuis si longtemps, au jour le jour, fier quand j'ai gagné une longue journée de vingt-quatre heures. Je subis le sort sot et inutile du Masque de fer, parce qu'on a toujours la même arrière-pensée, je te l'ai dit franchement dans une de mes dernières lettres.

Quant à toi, tu n'as à savoir ni ce que l'on dit, ni ce que l'on pense. Tu as à faire inflexiblement ton devoir, vouloir non moins inflexiblement ton droit : le droit de la justice et de la vérité. Oui, il faut que **la lumière** soit faite, je formule nettement ma pensée; mais s'il y a dans cette horrible affaire d'autres intérêts que les nôtres, que nous n'avons jamais méconnus, il y a aussi les droits imprescriptibles de la justice et de la vérité; il y a le devoir pour tous de mettre un terme à une situation aussi atroce, aussi imméritée, en respectant tous les intérêts.

Je ne puis donc que souhaiter, pour tous deux, pour tous, que cet effroyable, horrible et immérité martyre ait enfin un terme.

Maintenant, que puis-je apporter encore pour exprimer encore cette affection profonde, immense pour toi, pour nos enfants, pour exprimer mon affection pour tes chers parents, pour tous nos chers frères et sœurs, pour vous tous enfin qui souffrez cet effroyable et long martyre.

Te parler longuement de moi, de toutes les petites choses, c'est inutile; je le fais parfois malgré moi, car le cœur a des révoltes irrésistibles; l'amertume, quoi qu'on en veuille, monte du cœur aux lèvres quand on voit ainsi tout méconnaître, tout ce qui fait la vie noble et belle; et, certes, s'il ne s'agissait que de moi, de ma propre personne, il y a longtemps que j'eusse été chercher dans la paix de la tombe l'oubli de ce que j'ai vu, de ce que j'ai entendu, l'oubli de ce que je vois chaque jour.

J'ai vécu pour te soutenir, vous soutenir tous de mon indomptable volonté, car il ne s'agissait plus là de ma vie, il s'agissait de mon honneur, de notre honneur à tous, de la vie de nos enfants; j'ai tout supporté sans fléchir, sans baisser la tête, j'ai étouffé mon cœur, je refrène chaque jour toutes les révoltes de l'être, réclamant toujours et encore à tous, sans lassitude comme sans jactance, la vérité.

Je souhaite cependant pour nous deux, pauvre aimée, pour tous, que les efforts, soit des uns, soit des autres, aboutissent bientôt; que le jour de la justice luise enfin pour nous tous, qui l'attendons depuis si longtemps.

Chaque fois que je t'écris, je ne puis presque pas quitter la plume, non pour ce que j'ai à te dire... mais je vais te quitter de nouveau, pour de longs jours, ne vivant que par ta pensée, celle des enfants, de vous tous.

Je termine cependant en t'embrassant ainsi que nos chers enfants, tes chers parents, tous nos chers frères et sœurs, en te serrant dans mes bras de toutes mes forces et en te répétant avec une énergie que rien n'ébranle, et tant que j'aurai souffle de vie : courage, courage et volonté!

Mille baisers encore.

Ton dévoué,

ALFRED.

Et pour tous, chers parents, chers frères et sœurs, du courage et une indomptable volonté que rien ne doit ébranler, que rien ne doit affaiblir.

Le 2 octobre 1897.

Ma chère Lucie,

Je viens de recevoir tes chères lettres du mois d'août, quelques-unes aussi de la famille.

Je souhaite avec toi, pour toi, pour nous tous, que le jour de la justice luise enfin, que nous apercevions enfin un terme à notre martyre aussi long qu'effroyable. Je t'ai d'ailleurs déjà dit, dans de longues lettres, que ni ma foi, ni mon courage n'étaient, ne seraient jamais ébranlés, car, d'une part, je sais que vous saurez tous remplir énergiquement votre devoir, vouloir non moins inflexiblement votre droit : le droit de la justice et de la vérité ; que, d'autre part, s'il est un devoir imprescriptible pour ma patrie, c'est d'apporter la pleine et éclatante lumière sur cette tragique histoire, de réparer cette effroyable erreur.

En effet, bien souvent, autant que ma faiblesse d'homme me le permettait, car si l'on peut être stoïque devant la mort — et je l'ai appelée bien souvent de tous mes vœux — il est difficile de l'être à toutes les minutes d'une agonie aussi lente qu'imméritée — je t'ai caché mes horribles détresses devant de tels supplices, pour t'empêcher de faiblir, de plier à ton tour sous le poids de telles souffrances.

Si, depuis quelques mois, je ne te cache plus rien, c'est que j'estime qu'il faut que tu sois toujours préparée à tout, puisant dans tes devoirs de mère que tu as à remplir héroïquement, invinciblement, la force de tout supporter d'un cœur ferme et vaillant, avec la volonté inébranlable de laver le nom que tu portes, que portent nos enfants, de cette infâme souillure.

Maintenant, assez de tout cela, n'est-ce pas, chérie ? Laissons à ceux qui les ont leurs craintes, leurs arrière-pensées. Si mon âme est toujours vaillante et le restera jusqu'au dernier souffle, tout est épuisé en moi, le cœur gonflé à éclater, non seulement de ses tortures passées, mais de te voir méconnaître à ce point; le cerveau vacille et chancelle à la merci du moindre heurt, du moindre événement. D'ailleurs, comme je te l'ai déjà dit, mes longues lettres sont trop l'expression intime et profonde aussi bien de mes sentiments que de mon immuable volonté, pour qu'il soit utile d'y revenir : elles sont comme mon testament moral.

Donc, ma chère Lucie, pour toi, comme pour tous, il faut toujours faire votre devoir, vouloir votre droit, le droit de la justice et de la vérité, jusqu'à ce que la pleine lumière soit faite, pour la France entière, et il faut qu'elle le soit, vivant ou mort, car, comme le spectre de Banquo, je sortirai de la tombe pour vous crier à tous, de toute mon âme, toujours et encore : courage et courage ! pour rappeler à la patrie qui me supplicie ainsi, qui me sacrifie, j'ose le dire, car nul cerveau humain ne saurait résister d'une manière aussi prolongée à une situation pareille, — et c'est un miracle que j'aie pu y résister jusqu'ici, — pour rappeler à la patrie qu'elle a un devoir à remplir qui est d'apporter l'éclatante lumière sur cette tragique histoire, de réparer cette effroyable erreur qui dure depuis si longtemps.

Donc, chérie, sois en sûre, tu auras ton jour de rayonnante gloire, de joie suprême, soit par vos efforts, soit par ceux de la patrie qui remplira tous ses devoirs, et, si je n'y suis pas — que veux-tu, chérie ? il y a des victimes d'État, et la situation est vraiment par trop dure, par trop forte depuis le temps que je la supporte, — eh bien, Pierre me représentera !

Je ne parlerai pas des enfants, je l'ai d'ailleurs déjà longuement fait dans mes lettres d'août, et puis je te connais trop bien pour me faire quelque souci à leur égard. Tu les embrasseras de toutes mes forces, de toute mon âme. Je te quitte, quoique ce me soit toujours une grande douleur de m'arracher d'auprès de toi, tellement est court et fugitif ce moment que je viens passer auprès de toi.

Je t'embrasse comme je t'aime, de toutes mes forces, de toute la puissance de mon affection, ainsi que nos chers enfants, en te répétant encore courage et courage, en souhaitant aussi que tout cela ait enfin un terme.

Ton dévoué,

ALFRED.

Mes meilleurs baisers à tes chers parents, à tous les nôtres. Mes vœux de condoléances à Arthur et à Lucie; je ne me sens pas le courage de leur écrire.

Le 22 octobre 1897.

Ma chère et bonne Lucie.

Si je n'écoutais que mon cœur, je t'écrirais à tout instant, à toute heure de la journée, car ma pensée ne peut se détacher de toi, de nos chers enfants, de tous, mais ce ne serait que répéter l'expression de nos douleurs communes, et il n'est plus de mots pour rendre notre martyre — si long!

Dans les lettres que je t'ai écrites, je t'ai exprimé mes sentiments, ma volonté, que je sais être la tienne, la vôtre, indépendante de mes souffrances, de ma vie; il y avait certes aussi des cris de douleur, car lorsqu'on souffre ainsi sans relâche nuit et jour, plus encore pour toi, pour nos chers enfants, que pour moi, le cerveau s'embrase, et s'il ne suffisait pas déjà de mes tortures propres, le climat y suffirait à lui seul à cette époque; le cœur a besoin aussi de se dégonfler, l'être humain de crier ses détresses, ses défaillances.

Mais ne revenons pas sur tout cela; tout ce que je veux te dire toujours, c'est que la lumière sur cette tragique histoire, tu dois la réclamer, la vouloir, la poursuivre inflexiblement, sans jactance, sans passion, mais avec le sentiment inébranlable de ton droit, avec ton cœur d'épouse et de mère horriblement mutilé et blessé, avec une énergie et une volonté croissante chaque jour avec tes souffrances.

Je veux donc simplement aujourd'hui, en attendant tes chères lettres, t'embrasser de tout mon cœur, de toutes mes forces, comme je t'aime, ainsi que nos adorés enfants, souhaiter comme toujours que notre effroyable martyre ait enfin un terme, mais te répéter aussi toujours mille et mille fois : courage !

Mille baisers encore,

ALFRED.

Le 4 novembre 1897.

Ma chère et bonne Lucie,

Je viens à l'instant de recevoir tes lettres; les paroles, ma bonne chérie, sont bien impuissantes à rendre tout ce que la vue de ta chère écriture réveille d'émotions poignantes dans mon cœur, et cependant ce sont les sentiments de puissante affection que cette émotion réveille en moi qui me donnent la force d'attendre le jour suprême où la vérité sera enfin faite sur ce lugubre et terrible drame.

Tes lettres respirent un tel sentiment de confiance

qu'elles ont rasséréné mon cœur qui souffre tant pour toi, pour nos chers enfants.

Tu me fais la recommandation, pauvre chérie, de ne plus chercher à penser, de ne plus chercher à comprendre. Oh! chercher à comprendre, je ne l'ai jamais fait, cela m'est impossible; mais comment ne plus penser? Tout ce que je puis faire c'est de chercher à attendre, comme je te l'ai dit, le jour suprême de la vérité.

Dans ces derniers mois, je t'ai écrit de longues lettres où mon cœur trop gonflé s'est détendu. Que veux-tu, depuis trois ans je me vois le jouet de tant d'événements auxquels je suis étranger, ne sortant pas de la règle de conduite absolue que je me suis imposée, que ma conscience de soldat loyal et dévoué à son pays m'a imposée d'une façon inéluctable, que, quoiqu'on en veuille, l'amertume monte du cœur aux lèvres, la colère vous prend parfois à la gorge, et les cris de douleur s'échappent. Je m'étais bien juré jadis de ne jamais parler de moi, de fermer les yeux sur tout, ne pouvant avoir comme toi, comme tous, qu'une consolation suprême, celle de la vérité, de la pleine lumière.

Mais la trop longue souffrance, une situation épouvantable, le climat qui à lui seul embrase le cerveau, si tout cela ne m'a jamais fait oublier aucun de mes devoirs, tout cela a fini par me mettre dans un état d'éréthisme cérébral et nerveux qui est terrible. — Je comprends très bien aussi, ma bonne chérie, que tu ne puisses pas me donner de détails. Dans des affaires pareilles où des intérêts graves sont en jeu, le silence est nécessaire, obligatoire.

Je bavarde avec toi, quoique je n'aie rien à te dire,

mais cela me fait du bien, repose mon cœur, détend mes nerfs. Vois-tu, souvent le cœur se crispe de douleur poignante quand je pense à toi, à nos enfants, et je me demande alors ce que j'ai bien pu commettre sur cette terre pour que ceux que j'aime le plus, ceux pour qui je donnerais mon sang goutte à goutte, soient éprouvés par un pareil martyre.

Mais même quand la coupe trop pleine déborde, c'est dans ta chère pensée, dans celle des enfants, pensées qui font vibrer et frémir tout mon être, qui l'exaltent à sa plus haute puissance, que je puise encore la force de me relever, pour jeter le cri d'appel vibrant de l'homme qui pour lui, pour les siens, ne demande depuis si longtemps que de la justice, de la vérité, rien que de la vérité.

Je t'ai d'ailleurs formulé nettement ma volonté que je sais être la tienne, la vôtre et que rien n'a jamais su abattre.

C'est ce sentiment, associé à celui de tous mes devoirs, qui m'a fait vivre, c'est lui aussi qui m'a fait encore demander pour toi, pour tous, tous les concours, un effort plus puissant que jamais de tous dans une simple œuvre de justice et de réparation, en s'élevant au-dessus de toutes les questions de personnes, au-dessus de toutes les passions.

Puis-je encore te parler de toute mon affection ? C'est inutile, n'est-ce pas, car tu la connais, mais ce que je veux te dire encore, c'est que l'autre jour je relisais toutes tes lettres pour passer quelques-unes de ces minutes trop longues auprès d'un cœur aimant et un immense sentiment d'admiration s'élevait en moi pour ta dignité et ton courage. Si l'épreuve des grands malheurs est la pierre de touche des belles âmes, oh! ma chérie, la tienne est une des plus belles et des plus nobles qu'il soit possible de rêver.

Tu remercieras M... de ses quelques mots. Tout ce que je pourrais lui dire est dans ton cœur comme dans le mien.

Donc, ma chérie, toujours et encore courage, comme je te l'ai dit avant mon départ de France, il y a longtemps, hélas! bien longtemps : nos personnes ne doivent être que tout à fait secondaires; nos enfants sont l'avenir, il ne doit rester aucune tache, il ne doit planer aucune ombre, oh! pas la plus petite, sur leurs chères têtes. Ceci doit tout dominer.

Je t'embrasse comme je t'aime, de toutes mes forces, ainsi que nos chers et adorés enfants.

Ton dévoué,

ALFRED.

Le 24 novembre 1897.

Chère Lucie,

Je t'ai écrit de bien longues lettres tous ces mois-ci, où mon cœur oppressé s'est épanché de toutes nos trop longues douleurs communes. Il est impossible aussi de se dégager toujours de son moi, de s'élever toujours au-dessus des souffrances de chaque minute; il est impossible à tout mon être de ne pas frémir et hurler même de douleur à la pensée de tout ce que tu souffres, à la pensée de nos chers enfants, et si je me relève encore et toujours quand je tombe, c'est pour jeter le cri d'appel vibrant pour toi, pour eux.

Si donc le corps, le cerveau, le cœur, tout est épuisé, l'âme est restée intangible, toujours aussi ardente, la volonté inébranlable, forte du droit de tout être humain à la justice et à la vérité, pour lui, pour les siens.

Et le devoir de tous, c'est de concourir de tous leurs efforts, de tous leurs moyens à cette simple mesure de justice et de réparation, c'est de mettre enfin un terme à cet épouvantable et trop long martyre de tant d'êtres humains.

Je souhaite donc, ma bonne chérie, que notre effroyable supplice ait bientôt un terme.

J'ai reçu dans le courant du mois les lettres de tes chers parents, de tous les nôtres. Je leur ai répondu. Mes meilleurs baisers à tous.

Et pour toi, pour nos chers enfants, toute la tendresse de mon cœur, toute mon affection, toute ma pensée qui ne vous quitte pas un seul instant.

Mille baisers encore,

ALFRED.

Le 6 décembre 1897.

Ma chère et bonne Lucie,

Je ne veux pas laisser partir le courrier sans t'écrire, pour te répéter toujours, il est vrai, les mêmes paroles.

Comme je te l'ai dit depuis de longs mois, je ne vis que par une tension inouïe des nerfs, de la volonté, et c'est lorsque je succombe sous le poids de telles souffrances que ta pensée, celle des enfants, me font relever, vibrant de douleur, de volonté, devant ce que nous avons de plus précieux en ce monde, notre honneur, celui de nos enfants, le nôtre à tous, et que je jette encore le cri d'appel vibrant de l'homme qui, depuis le premier jour de ce lugubre drame, ne demande que la vérité.

Il y a donc là une œuvre de justice qui plane au-dessus de toutes les passions, qui s'impose à tous, et elle doit s'accomplir. Je souhaite cependant, ma bonne chérie, pour nous deux, qu'elle s'accomplisse enfin, que notre effroyable et trop long supplice ait enfin un terme.

Je t'embrasse comme je t'aime, de toute la puissance de mon affection, ainsi que nos chers et adorés enfants.

Ton dévoué,

ALFRED.

Mes meilleurs baisers à tes chers parents, à tous les nôtres.

Le 25 décembre 1897.

Ma chère Lucie,

Plus que jamais, j'ai des minutes terribles où le cerveau s'affole; c'est pourquoi je viens t'écrire, non pour te parler de moi, mais pour te donner toujours et encore les conseils que je crois te devoir.

Dans une situation aussi tragique que la nôtre, où il s'agit de l'honneur d'une famille, de la vie de nos enfants, il faut, ma bonne chérie, s'élever toujours et encore au-dessus de tout, écarter du débat toutes les questions de personnes, toutes les questions irritantes, pour appeler à toi tous les concours, toutes les bonnes volontés. Je sais mieux que personne que cela est parfois difficile; il est impossible de ne pas sentir les blessures; mais il le faut. Il ne s'agit ni de s'humilier, ni de s'abaisser, mais il ne faut pas non plus se perdre en cris inutiles; les cris ne sont pas des raisons.

Il s'agit simplement de soutenir et de vouloir énergiquement, sans faiblesse, avec dignité, son droit : le droit de l'innocence. Il faut agir avec ton cœur d'épouse et de mère, horriblement mutilé et blessé.

J'ai trop souffert, j'ai trop souvent été affolé par des coups de massue formidables, pour avoir pu toujours tenir cette conduite, qui était la seule saine et raisonnable. Et c'est précisément parce que souvent je ne sais où j'en suis, parce que les heures me deviennent trop lourdes, que je veux venir t'ouvrir mon cœur.

J'ai fait encore, tout ce mois-ci, de nombreux et chaleureux appels pour toi, pour nos enfants. Je veux souhaiter que cet épouvantable martyre ait enfin un terme, je veux souhaiter que nous sortions enfin de cet effroyable cauchemar dans lequel nous vivons depuis si longtemps. Mais ce dont je ne saurais douter, ce dont je n'ai pas le droit de douter, c'est que tous les concours ne te soient donnés, que cette œuvre de justice et de réparation ne se poursuive et ne s'accomplisse.

En résumé, ma chérie, ce que je voudrais te dire dans un effort suprême, où j'écarte totalement ma personne, c'est qu'il faut soutenir son droit énergiquement, car il est épouvantable de voir tant d'êtres humains souffrir ainsi, car il faut penser à nos malheureux enfants qui grandissent, mais sans y apporter aucune passion, sans y mêler aucune question irritante, aucune question de personnes.

Je ne veux pas te parler encore de mon affection quand ton image chérie, celle de nos enfants se dressent devant nos yeux, et il n'est peut-être pas une minute où elles ne soient là; je sens mon cœur battre lourdement comme s'il était par trop plein de larmes refoulées.

Et un cri suprême s'élève constamment de mon cœur à toutes les minutes de mes longues journées, de mes longues insomnies; s'il est un cri suprême qui s'élèvera à mon heure dernière, c'est un appel à tous pour un grand effort de justice et de vérité, pour t'apporter ce concours ardent et dévoué que te doivent tous les hommes de cœur et d'honneur. Cet appel, je l'ai encore fait. Je te l'ai dit, je ne saurais douter qu'il ne soit entendu, je te répèterai donc : courage !

Dans mes dernières lignes, je voudrais maintenant mettre tout mon cœur, tout ce qu'il renferme d'affection pour toi, pour nos enfants, pour tous; te dire que dans les pires moments de détresse, ce sont ces sentiments qui m'ont sauvé, qui m'ont fait échapper à la tombe à laquelle j'aspirais, pour essayer encore de faire mon devoir.

Je t'embrasse de tout mon cœur, je voudrais te serrer dans mes bras comme je t'aime, et te prier aussi d'embrasser bien tendrement, bien longuement pour moi nos chers et adorés enfants, tes chers parents, tous mes chers frères et sœurs.

Mille baisers encore,

ALFRED.

Le 6 janvier 1898.

Chère Lucie,

Je n'ai encore reçu ni ton courrier du mois d'octobre, ni ton courrier du mois de novembre; les dernières nouvelles que j'ai de toi sont donc de septembre.

Je te parlerai donc moins que jamais de moi, moins que jamais de nos souffrances qu'aucune parole humaine ne saurait amoindrir. Je t'ai écrit il y a quelques jours; j'étais dans un tel état que je ne me souviens plus un mot de ce que je t'ai dit.

Mais si je suis épuisé totalement de corps et d'esprit, l'âme est toujours restée aussi ardente et je veux venir te dire les paroles qui doivent soutenir ton inébranlable courage. J'ai remis notre sort, le sort de nos enfants, le sort d'innocents qui depuis plus de trois ans se débattent dans l'invraisemblable, entre les mains de M. le Président de la République, entre les mains de M. le Ministre de la Guerre, pour demander un terme enfin à notre épouvantable martyre; j'ai remis la défense de nos droits entre les mains de M. le Ministre de la Guerre à qui il appartient de faire réparer enfin cette trop longue et épouvantable erreur.

J'attends impatiemment, je veux souhaiter que j'aurai encore une minute de bonheur sur cette terre, mais ce dont je n'ai pas le droit de douter un seul instant, c'est que justice ne soit faite, c'est que justice ne te soit rendue, à toi, à nos enfants, que tu n'aies ton jour de bonheur suprême.

Je te répéterai donc de toutes les forces de mon âme : courage et courage !

Je t'embrasse comme je t'aime, de toutes mes forces, de toute la puissance de mon affection, ainsi que nos chers et adorés enfants.

Ton dévoué,
ALFRED.

Mille baisers à tes chers parents, à tous les nôtres.

Le 9 janvier 1898.

Après une longue et terrible attente, je viens de recevoir tout à la fois les courriers du mois d'octobre et du mois de novembre.

Je n'ai pas besoin de te dire quelle émotion indescriptible s'empare de moi à la lecture des lignes de ceux que j'aime tant, de ceux pour qui je donnerais mon sang goutte à goutte, de ceux enfin pour qui je vis.

Si je pensais, chérie, à moi seul, il y a longtemps que je serais dans la tombe ; c'est ta pensée, celle de tes enfants qui me soutiennent, qui me relèvent quand je plie sous le poids de telles souffrances. Je t'ai dit dans mes dernières lettres tout ce que j'avais fait, tous les appels que j'ai encore adressés pour toi, pour nos enfants.

Si la lumière que nous attendons depuis plus de trois ans ne se fait pas, elle se fera dans un avenir que nous ne connaissons pas.

Comme je te l'ai dit dans une lettre, nos enfants grandissent, leur situation, la nôtre est effroyable, celle que je supporte est absolument impossible. C'est pourquoi j'ai remis notre sort, celui de nos enfants entre les mains de M. le Ministre de la guerre, pour demander enfin un terme à notre épouvantable martyre, c'est pourquoi j'ai redemandé notre honneur à M. le Ministre de la guerre.

J'attends la réponse très impatiemment, je souhaite donc que cet effroyable supplice ait enfin un terme.

Je t'embrasse comme je t'aime, de toute la puissance de mon affection, avec toute ma tendresse, ainsi que nos chers et adorés enfants.

Ton dévoué,

ALFRED.

Mille baisers à tes chers parents, à tous les nôtres.

Le 25 janvier 1898.

Ma chère et bonne Lucie,

Je ne t'écrirai pas longuement, je souffre trop pour toi, pour nos enfants. Je sens trop bien à travers la distance quel est ton épouvantable supplice, ton atroce martyre ; rien que d'y penser mon cœur bat lourdement, comme s'il était gonflé outre mesure de larmes refoulées. Aucune parole humaine ne saurait en amoindrir l'horreur.

Je t'ai dit dans mes dernières lettres ce que j'avais fait, ce que j'ai encore renouvelé ces jours-ci. La lumière que nous attendons depuis si longtemps ne se fait pas et se fera dans un avenir que personne ne peut prévoir. La situation est effroyable, aussi bien pour toi et pour nos enfants que pour tous ; pour moi, il est inutile que je te dise ce qu'elle est.

J'ai demandé la réhabilitation, la revision du procès à M. le Président de la République, à M. le

Ministre de la guerre, à M. le général de Boisdeffre; j'ai remis le sort de tant de victimes innocentes, le sort de nos enfants entre leurs mains; j'ai confié l'avenir de nos enfants à M. le général de Boisdeffre. J'attends avec une fiévreuse impatience avec ce qui me reste de forces leur réponse.

Je veux souhaiter que j'aurai encore une minute de bonheur sur cette terre, mais ce dont je n'ai pas le droit de douter, c'est que justice ne soit faite, c'est que justice ne te soit rendue, à toi, à nos enfants. Je te dirai donc : courage et confiance!

Je t'embrasse comme je t'aime, avec tout ce que mon cœur contient d'affection profonde pour toi, pour nos adorés enfants, pour tes chers parents, pour tous les nôtres.

Mille baisers encore de ton dévoué,

ALFRED.

Le 26 janvier 1898.

Ma chère Lucie,

Dans les dernières lettres que je t'ai écrites, je t'ai dit ce que j'avais fait, à qui j'avais confié notre sort, celui de nos enfants, quels appels j'ai adressés. Inutile de te dire avec quelle anxiété j'attends une réponse, tellement les minutes me sont devenues lourdes. Mais ma pensée est tellement tendue nuit et jour vers toi, vers nos enfants, que je veux t'écrire encore pour te donner les conseils que je te dois.

J'ai lu et relu toutes tes lettres, les vôtres, et je crois que depuis longtemps nous vivons de malentendus qui viennent de diverses causes (tes lettres souvent étaient des énigmes pour moi), du secret absolu dans lequel je suis, de l'état de mon cerveau, des coups qui m'ont frappé sans que j'y comprenne rien, de maladresses qui peut-être aussi ont été commises.

Mais voici la situation telle que je crois la comprendre, et je m'imagine n'être pas loin de la vérité. Je crois que M. le général de Boisdeffre ne s'est jamais refusé à nous rendre justice. Nous, profondément blessés, nous lui demandons la lumière. Il n'a pas plus été en son pouvoir qu'au nôtre de la faire; elle se fera dans un avenir que nul ne peut prévoir.

Les esprits se sont probablement aigris, des maladresses peut-être ont été commises, je ne sais, tout cela a envenimé une situation déjà si atroce. Il faut revenir en arrière, s'élever au-dessus de toutes les souffrances pour envisager simplement notre situation.

Eh bien, moi, la plus grande victime, victime de tout et de tous depuis plus de trois ans, qui suis là, presque agonisant, je viens te donner des conseils de sagesse, de calme, que je crois te devoir, oh! sans abandon d'aucun de mes droits, sans faiblesse, comme aussi sans jactance.

Comme je te l'ai dit, il n'a pas été plus au pouvoir de M. le général de Boisdeffre qu'au vôtre de faire la lumière, elle se fera dans un avenir que nul ne peut prévoir.

Je lui ai donc demandé simplement la réhabilitation, un terme à notre épouvantable martyre, car il est inadmissible que tu supportes un pareil supplice, que nos enfants grandissent déshonorés par un tel crime que je ne saurais avoir commis.

J'attends la réponse avec ce qui me reste de forces, en comptant les heures, presque les minutes.

J'ignore si cette réponse me parviendra bientôt; j'ignore bien plus encore comment je vis, tellement mon épuisement cérébral et nerveux est immense; mais si je succombe avant, si je faiblis devant une situation aussi atroce, supportée depuis si longtemps, je te donne comme devoir absolu d'aller trouver en personne M. le général de Boisdeffre, et après les lettres que je lui ai écrites, le sentiment qui, j'en suis sûr, est au fond de son cœur de nous accorder la réhabilitation, quand tu auras bien compris que la lumière est une œuvre de longue haleine, qu'il est impossible de prévoir quand elle aboutira, je n'ai nul doute qu'il ne t'accorde de suite la revision du procès, qu'il ne mette de suite un terme à une situation aussi atroce pour toi, pour nos enfants; j'espère aussi que sur ma tombe il me rendra le témoignage non seulement de la loyauté de mon passé, mais de la loyauté absolue de ma conduite depuis trois ans, où, sous tous les supplices, sous toutes les tortures, je n'ai jamais oublié ce que j'étais : soldat loyal et dévoué à son pays. J'ai tout accepté, tout subi, bouche close. Je ne m'en vante pas, d'ailleurs, je n'ai fait que mon devoir, uniquement mon devoir.

Je te quitte avec regret, car ma pensée est avec toi, avec nos enfants, nuit et jour, car cette pensée seule me fait encore vivre, et je voudrais venir causer ainsi à toutes les minutes de mes longues journées et de mes longues insomnies.

Je ne puis que répéter ce souhait, c'est que tout cela ait enfin un terme, que cet infernal supplice de toutes les minutes ait une fin, mais si tu agis comme je te l'ai dit, comme c'est ton devoir, puisque je te le commande, je n'ai nul doute que tu aies un terme à ton épouvantable martyre, à celui de nos enfants.

Je t'embrasse comme je t'aime, de toute la puissance de mon affection, ainsi que nos chers et adorés enfants.

Ton dévoué,

ALFRED.

Baisers à tes chers parents, à tous.

Le 4 février 1898.

Chère Lucie,

Je n'ai rien à ajouter aux nombreuses lettres que je t'ai écrites depuis deux mois. Tout ce fatras peut d'ailleurs se résumer en quelques mots. J'ai fait appel à la haute équité de M. le Président de la République, à celle du gouvernement pour demander la revision de mon procès, la vie de nos enfants, un terme à notre épouvantable martyre.

J'ai fait appel à la loyauté de ceux qui m'ont fait condamner pour provoquer cette revision. J'attends fièvreusement, mais avec confiance, d'apprendre que notre effroyable supplice a enfin un terme.

Je t'embrasse comme je t'aime, ainsi que nos chers enfants.

Ton dévoué,

ALFRED.

Mille baisers à tes chers parents, à tous les nôtres.

Le 7 février 1898.

Chère Lucie,

Je viens de recevoir tes chères lettres de décembre et mon cœur se brise, se déchire devant tant de souffrances imméritées. Je te l'ai dit, ta pensée, celle des enfants, me relèvent toujours, vibrant de douleur, de suprême volonté devant ce que nous avons de plus précieux au monde : notre honneur, la vie de nos enfants, pour jeter le cri d'appel de plus en plus vibrant de l'homme qui ne demande que la justice pour lui et les siens, et qui y a droit.

Depuis trois mois, dans la fièvre et le délire, souffrant le martyre nuit et jour pour toi, pour nos enfants, j'adresse appels sur appels au chef de l'Etat, au gouvernement, à ceux qui m'ont fait condamner, pour obtenir de la justice enfin, un terme à notre effroyable martyre, sans obtenir de solution.

Je réitère aujourd'hui mes demandes précédentes au chef de l'État, au gouvernement avec plus d'énergie encore s'il se peut, car tu n'as pas à subir encore un pareil martyre, nos enfants n'ont pas à grandir déshonorés, je n'ai pas à agoniser dans un cachot pour un crime abominable que je n'ai pas commis. Et j'attends chaque jour d'apprendre que le jour de la justice a enfin lui pour nous.

Je t'embrasse comme je t'aime, de toute la puissance de mon affection, ainsi que nos chers et adorés enfants.

Ton dévoué,

ALFRED.

Mille et mille baisers à tes chers parents, à tous les nôtres.

Le 25 février 1898.

Chère Lucie,

Comme toi, ma pensée ne te quitte pas un seul instant, ni de jour, ni de nuit, et si je n'écoutais que mon cœur, je t'écrirais à tout instant, à toute heure.

Si tu es l'écho de mes souffrances, je suis l'écho des tiennes, des vôtres à tous, je doute qu'êtres humains aient jamais souffert davantage. Ta pensée, celle des enfants, ma volonté tendue à tout instant vers toi, vers eux, me donnent toujours encore la force de comprimer mon cerveau, d'étouffer mon cœur.

Je t'ai écrit de bien nombreuses lettres dans ces derniers mois; ajouter quelque chose à ces lettres serait du superflu. Je t'ai dit tous les appels que j'ai adressés depuis le mois de novembre dernier pour demander ma réhabilitation, de la justice enfin pour tant de victimes innocentes.

Dans une de mes dernières lettres, je t'ai dit le dernier appel que je venais d'adresser au gouvernement, plus vibrant, plus énergique que jamais. J'attends donc chaque jour d'apprendre que cette réhabilitation a eu lieu, que notre supplice aussi effroyable qu'immérité a un terme, que le jour de la justice a enfin lui pour nous. Je veux donc simplement t'embrasser aujourd'hui de toutes mes forces, de tout mon cœur comme je t'aime, ainsi que nos chers et adorés enfants.

Ton dévoué,

ALFRED.

Mille et mille baisers à tes chers parents, à tous nos chers parents, à tous nos chers frères et sœurs.

Le 5 mars 1898.

Chère Lucie,

Je viens de recevoir tes chères lettres de janvier, toujours aussi admirables de cœur, de sentiment et d'élévation. Je n'ajouterai plus rien aux longues lettres que je t'écris depuis trois mois ; les dernières sont peut-être nerveuses, débordantes d'impatience, de douleurs et de souffrances ; mais tout cela est trop épouvantable et il y avait des responsabilités à établir.

Je ne veux donc pas me rééditer indéfiniment. Conformément à l'exposé d'une situation aussi tragique qu'imméritée, supportée depuis trop longtemps par tant de victimes innocentes, je demande et redemande ma réhabilitation au gouvernement. Et j'attends depuis, chaque jour, d'apprendre que le jour de la justice a enfin lui pour nous.

Je t'embrasse comme je t'aime, de toute la puissance de mon affection, ainsi que nos chers enfants.

Ton dévoué,

ALFRED.

Mille et mille baisers à tes chers parents, à tous les nôtres.

APPENDICE

I

LE CAPITAINE DREYFUS

A LA PRISON DU CHERCHE-MIDI

HISTORIQUE DE LA DÉTENTION

Le 14 octobre 1894, je recevais un pli secret du Ministre de la guerre; son contenu me faisait connaître que le lendemain, 15, se présenterait, à sept heures du matin, à la prison, un officier supérieur de l'armée, chargé de me faire une communication confidentielle.

Le 15 au matin, M. le lieutenant-colonel d'Aboville, en tenue de service, se présentait et me remettait un pli, *daté du 14*, qui m'informait que le capitaine Dreyfus, du 14ᵉ régiment d'artillerie, stagiaire à l'État-Major de l'armée, serait écroué dans la matinée comme prévenu du crime de « haute trahison », et que j'étais rendu personnellement responsable de sa personne.

Le colonel d'Aboville me demanda ma parole

d'honneur d'avoir à exécuter à la lettre les injonctions ministérielles qu'il allait me communiquer, tant par écrit que verbalement.

Une de ces communications m'ordonnait de mettre le prisonnier au secret le plus absolu et de veiller à ce qu'il n'eût par devers lui ni couteau, ni papier, ni plume, ni encre, ni crayon.

Il devait également vivre à l'ordinaire des condamnés; mais cette mesure fut annulée, sur une observation que je fis, comme étant irrégulière.

Le colonel m'ordonna de prendre, sans me les indiquer, les précautions que je jugerais nécessaires pour que l'incarcération demeurât ignorée au dedans et au dehors de la prison.

Il demanda à visiter les locaux affectés aux officiers et il désigna celui que devait occuper le capitaine Dreyfus.

Il me mit en garde contre les démarches probables que tenterait la « haute juiverie » dès qu'elle connaîtrait l'incarcération.

Je ne vis personne et aucune démarche ne fut faite près de moi. Pour ne pas y revenir, j'ajoute que, durant toute la détention du prisonnier, je ne suis jamais entré et n'ai jamais séjourné dans sa cellule sans y avoir été accompagné par l'agent principal, qui *seul possédait la clef* de cette chambre cellulaire.

Vers midi, le capitaine Dreyfus, en tenue civile, arriva en fiacre, accompagné de M. le commandant Henry et d'un agent de la Sûreté. Cet officier supérieur me remit l'ordre d'écrou, qui était signé du Ministre lui-même et portait la *date du 14*, ce qui prouve que l'arrestation était prononcée avant qu'on eût vu et questionné le capitaine. C'est dire aussi que l'incarcération fut faite à l'insu du Gouverneur de Paris, qui en fut avisé par un officier supérieur de l'État-Major du Ministre, envoyé à cet effet, puisque j'avais reçu la défense de le faire moi-même.

L'agent principal de la prison, auquel j'avais donné mes instructions, après avoir fait inscrire sur le registre d'écrou le nom de « Dreyfus », sans aucune autre indication pouvant indiquer qui il était, conduisit le capitaine dans la chambre qui lui était assignée.

A partir de ce moment, Dreyfus fut muré vivant dans sa chambre; nul ne pouvait voir le prisonnier, dont la porte, pendant tout le temps de sa présence au Cherche-Midi, ne devait s'ouvrir qu'en ma présence.

Peu d'instants après, je me rendis près du capitaine Dreyfus. Il était dans un état de surexcitation impossible; j'avais devant moi un véritable aliéné, aux yeux injectés de sang, ayant tout bouleversé dans sa chambre. Je parvins, non sans peine, à le calmer.

J'eus l'intuition que cet officier était innocent. Il me supplia de lui donner les moyens d'écrire, ou de le faire moi-même, pour demander au Ministre de la guerre à être entendu par lui ou par un des officiers généraux du Ministère.

Il me raconta les phases de son arrestation, qui ne furent ni dignes, ni militaires.

Du 18 au 24 octobre, le commandant du Paty de Clam, qui avait procédé à l'arrestation de Dreyfus au Ministère de la guerre, vint, muni d'une autorisation particulière du Ministre de la guerre, pour l'interroger.

Avant de voir Dreyfus, il me demanda s'il ne pouvait pas pénétrer sans bruit dans sa cellule, porteur d'une lampe assez puissante pour pouvoir projeter un flot de lumière au visage du capitaine, qu'il voulait surprendre de façon à le démonter. Je répondis que ce n'était pas possible.

Il lui fit subir deux interrogatoires et lui dicta, chaque fois, des fractions de phrases puisées dans le document incriminé, dans le but d'établir la comparaison entre les écritures.

Pendant cette période de temps, la surexcitation du capitaine Dreyfus était toujours très grande. Du corridor, on l'entendait gémir, crier, parlant à haute voix, protestant de son innocence. Il se butait contre les meubles, contre les murs, et il paraissait inconscient des meurtrissures qu'il se faisait.

Il n'eut pas un instant de repos, et lorsque, terrassé par les souffrances, la fatigue, il se jetait tout habillé sur le lit, son sommeil était hanté par d'horribles cauchemars.

Il avait des soubresauts tels qu'il lui est arrivé de tomber du lit.

Pendant ces neuf jours d'une véritable agonie, il ne prit que du bouillon et du vin sucré, ne touchant à aucun aliment.

Le 24 au matin, son état mental, voisin de la folie, me parut tellement grave que, soucieux de mettre ma responsabilité à couvert, j'en rendis compte directement au Ministre ainsi qu'au Gouverneur de Paris.

Dans l'après-midi, je me rendis, sur convocation, près du général de Boisdeffre, que je suivis chez le Ministre de la guerre. Le général m'ayant demandé mon opinion, je répondis sans hésitation :

— On fait fausse route, cet officier n'est pas coupable.

C'était ma conviction, et elle n'a fait que se confirmer.

Entré seul dans le cabinet du Ministre, le général en ressortait quelques instants après, paraissant fort ennuyé, pour me dire :

— Le ministre part pour aller assister au mariage de sa nièce et me laisse « carte blanche » ; tâchez de me conduire Dreyfus jusqu'à son retour, il s'en arrangera ensuite.

Je fus porté à penser que le général de Boisdeffre était resté étranger à l'arrestation ou qu'il ne l'approuvait pas. Néanmoins, le général m'ordonna de faire visiter secrètement le capitaine par le médecin de l'établissement, qui prescrivit des potions calmantes et une surveillance incessante.

A partir du 27, le commandant du Paty de Clam vint presque journellement lui faire subir de nouveaux interrogatoires et épreuves d'écriture, qui n'avaient d'autre but, chaque fois, que d'obtenir un aveu contre lequel Dreyfus ne cessait de protester.

Jusqu'au jour où ce malheureux fut livré au magistrat rapporteur du Conseil de guerre, il se savait accusé du crime de « haute trahison », sans toutefois en connaître la nature.

L'instruction fut longue, minutieuse, et pendant qu'elle se poursuivait, Dreyfus croyait si peu à sa mise en jugement et moins encore à sa condamnation, qu'il dit plusieurs fois :

— Quelle compensation vais-je demander ? Je solliciterai la croix et je donnerai ma démission. C'est ce que j'ai dit au commandant du Paty, qui l'a relaté dans son rapport au ministre. Il n'a pu relever aucune preuve contre moi, car il ne peut y en avoir, pas plus que le rapporteur qui, dans le sien, ne procède que par inductions, suppositions, sans rien préciser, ni rien affirmer.

Quelques instants avant de comparaître devant ses juges, il disait :

— J'espère bien que mon martyre va prendre fin et que je serai bientôt dans les bras des miens.

Malheureusement, il devait en être autrement. Après le verdict, Dreyfus fut ramené, vers minuit, dans sa chambre où je l'attendais. A ma vue, il s'écria : « Mon seul crime est d'être né juif ! Voilà où m'a conduit une vie de travail, de labeur. Pourquoi, mon Dieu ! suis-je entré à l'Ecole de guerre ? Pourquoi n'ai-je pas donné ma démission tant désirée par les miens ? » Son désespoir était tel que, craignant un dénouement fatal, je dus redoubler et faire redoubler de vigilance.

Le lendemain, son défenseur vint le voir. M⁰ Demange, en entrant dans la chambre, lui ouvrit les bras et, tout en larmes, le pressant sur sa poitrine, lui dit :

— Mon enfant, votre condamnation est la plus grande infamie du siècle !

J'en fus bouleversé.

A partir de ce jour, Dreyfus, qui était resté sans

nouvelle des siens, fut autorisé pour la première fois à correspondre avec sa famille, mais sous le contrôle du commissaire du gouvernement, auquel on remettait toutes les lettres expédiées ou reçues. J'ai assisté aux deux seules entrevues autorisées qu'il a eues avec sa femme et à celle qu'il eut avec sa belle-mère. Elles furent émouvantes.

Dès que le pourvoi fut connu, le commandant du Paty vint encore, avec une autorisation spéciale du ministre ordonnant de le laisser communiquer librement avec Dreyfus.

Après s'être enquis de « l'état d'âme » du condamné, il se rendit près de lui, tout en enjoignant à l'agent principal de demeurer à portée de son premier appel, si besoin était.

Dans cette dernière entrevue, il ressort d'une lettre écrite immédiatement par Dreyfus au ministre de la guerre que le commandant du Paty s'efforça d'obtenir un aveu de culpabilité ou, tout au moins, celui d'un « acte imprudent d'amorçage ».

Dreyfus répondit qu'il n'avait jamais amorcé personne, qu'il était innocent.

Le 4 janvier 1895, j'étais déchargé de la lourde responsabilité qui m'incombait.

Après avoir serré la main au capitaine Dreyfus, je le remettais aux gendarmes qui le conduisirent, menottes aux poings, à l'Ecole militaire où il subit, en criant son innocence, la dégradation — supplice plus terrible que la mort — puis l'exil.

J'ai eu à remplir une mission extrêmement pénible et triste, ayant vécu pour ainsi dire près de trois mois de l'existence de ce malheureux, puisque j'avais reçu l'ordre formel d'assister à tous ses repas que je devais étroitement surveiller, afin qu'aucun écrit du dehors ne pût lui parvenir dissimulé dans les aliments.

Depuis de si longues années que, par un choix qui m'a honoré, et quoique déjà retraité, je suis resté à la tête de divers établissements pénitentiaires, j'ai acquis une grande expérience des prisonniers, et je ne crains pas de dire et de déclarer hautement qu'une erreur terrible a été commise. Aussi n'ai-je jamais considéré le capitaine Dreyfus comme un traître à sa patrie, à son uniforme.

Dès les premiers jours, mes chefs directs et autres connurent mon opinion. Je l'ai affirmée en présence de hauts fonctionnaires et personnages politiques, ainsi qu'à de nombreux officiers de tous grades, journalistes et hommes de lettres.

Je dirai mieux. Le gouvernement connaissait également mon opinion, car la veille de la dégradation, un chef de bureau du ministère de l'intérieur vint de la part de son ministre, M. Dupuy, me demander quelques renseignements sur Dreyfus. Je lui répondis dans le même sens.

Ce fonctionnaire n'a pas été sans le répéter à ses chefs. Or, je déclare que jusqu'au 5 novembre dernier, je n'avais jamais reçu d'aucun de mes chefs ni la moindre observation, ni l'ordre d'avoir à me taire, et que j'ai toujours continué à proclamer l'innocence de Dreyfus, qui est la victime d'une de ces fatalités du sort qui sont inexplicables et impénétrables, ou d'une machination insondable, ourdie à dessein.

Je dirai aussi que si Dreyfus ne s'est pas tué, ce

n'est point par lâcheté, mais bien parce qu'il a été mis dans l'impossibilité absolue de le faire, qu'il a cédé à mes exhortations et aux supplications des siens éplorés.

J'affirme également, la question m'ayant été posée, n'avoir connu M. Bernard Lazare que l'avant-veille de l'apparition de sa première brochure ayant pour titre : *Une Erreur judiciaire, la vérité sur le capitaine Dreyfus*, brochure que j'ai ignorée, soit directement, soit indirectement. Si je l'ai accompagné, *l'an dernier*, au logis personnel de M. Henri Rochefort et non à la direction de son journal, j'ai obéi à un sentiment naturel que tout homme de cœur comprendra : celui de témoigner en faveur d'un innocent injustement frappé et qui expie un crime qu'il n'a pas commis.

Toutes les convictions sont respectables quand elles sont sincères et désintéressées, et on admettra bien que s'il y a des gens convaincus de la culpabilité, il y en a aussi, je puis l'affirmer, un très grand nombre, dans les hautes sphères civiles et militaires, qui sont, comme moi et autant que moi, convaincus de l'innocence de Dreyfus. Mais la lâcheté humaine les a empêchés de le dire hautement et publiquement : je n'ai pas voulu être du nombre.

Un haut personnage politique qui fait encore partie du Parlement, et que je ne puis nommer, a dit :

— Le procès Dreyfus est un procès antisémite qui s'est greffé d'un crime politique.

Je suis de cet avis.

Dieu veuille que ce malheureux, qui expie, qui

agonise sur un rocher, soit réhabilité un jour, pou[r] l'honneur des siens, de ses enfants, et aussi pour l'armée !

FORZINETTI,
Chef de bataillon en retraite,
ancien commandant des prisons
militaires de Paris.

II

UNE CALOMNIE

Les prétendus aveux du Capitaine Dreyfus

I

MADAME DREYFUS A M. G. CAVAIGNAC

Monsieur le Député,

Dans la séance du 13 janvier 1898, vous avez affirmé qu'un officier, le capitaine Lebrun-Renault, aurait recueilli de la bouche de mon mari, le jour de son horrible supplice, cette parole : « Si j'ai livré des documents sans importance à une puissance étrangère, c'était dans l'espoir de m'en procurer d'autres. » J'oppose à cette affirmation un démenti catégorique, absolu.

Si — au lendemain du jour où, subissant héroïquement son supplice, mon mari n'a pas cessé de protester hautement de son innocence — un journal a publié le récit dont, sans contrôle et sans preuves, vous vous êtes fait l'écho à la tribune du Parlement, ce journal a altéré la vérité.

Il m'a été dit que le capitaine Lebrun-Renault avait aussitôt démenti les propos qu'une légende lui attribue, qu'il avait dit à ses chefs la vérité, à savoir que mon mari n'avait fait que protester de son innocence, que, par ordre, alors, le silence avait été imposé à cet officier.

J'ignore si ce qui m'a été raconté est exact, je ne puis le vérifier. Si vous voulez vous donner la peine de vous reporter aux journaux de janvier 1895, vous y trouverez d'abord un récit de tous points différent de la conversation qui s'engagea le 5 janvier entre le capitaine Lebrun-Renault et mon mari. Voici le récit du *Figaro*, intitulé : Récit d'un témoin, et signé de M. Eugène Clisson.

« C'est dans cet ordre que le convoi arriva à l'École Militaire, à huit heures moins dix. Dreyfus fut conduit dans une des salles de l'École et laissé sous la garde du capitaine Lebrun-Renault. C'est là dans cette pièce, que la conversation suivante s'engagea :

« Vous n'avez pas songé au suicide, M. Dreyfus? demanda le capitaine Lebrun-Renault.

— Si, mon capitaine, répondit Dreyfus, mais seulement le jour de ma condamnation. Plus tard, j'ai réfléchi. Je me suis dit qu'innocent comme je suis, je n'avais pas le droit de me tuer. On verra dans trois ans quand justice me sera rendue

— Alors, vous êtes innocent?

— Voyons, mon capitaine, écoutez : on trouve dans un chiffonnier d'une ambassade un papier annonçant l'envoi de quatre pièces. On soumet le papier à des experts, trois reconnaissent mon écriture, deux déclarent que l'écriture n'est pas de ma main, et c'est là-dessus qu'on me condamne !

A dix-huit ans, j'entrais à l'École Polytechnique, j'avais devant moi un magnifique avenir militaire, 300,000 fr. de fortune et la certitude d'avoir dans l'avenir 50,000 fr. de rentes. Je n'ai jamais été un coureur de filles. Je n'ai jamais touché une carte de ma vie, donc je n'ai pas besoin d'argent. Pourquoi aurais-je trahi ? Pour de l'argent ? Non, alors quoi ?

— Et qu'est-ce que c'était que ces pièces dont on annonçait l'envoi ?

— Une très confidentielle, et trois autres moins importantes.

— Comment le savez-vous ?

— Parce qu'on me l'a dit au procès. Ah ! ce procès à huis clos, comme j'aurais voulu qu'il fût public et qu'il eût lieu au grand jour ! il y aurait eu certainement un revirement d'opinion.

— Lisiez-vous les journaux en prison ?

— Non, aucun ; on m'a bien dit que la presse s'occupait beaucoup de moi, et que certains journaux profitaient de cette accusation ridicule pour se livrer à une campagne antisémite. Je n'ai rien voulu lire.

Puis, raide et comme insensible, il ajoute : A présent, c'est fini. On va m'expédier à la presqu'île Ducos ; dans trois mois, ma femme viendra m'y rejoindre.

— Et, reprit le capitaine Lebrun-Renault, avez-vous l'intention de prendre la parole tout à l'heure ?

— Oui, je veux protester publiquement de mon innocence.

Devant cette déclaration nettement formulée, le capitaine fit informer le général Darras de la résolution de Dreyfus. Elle avait d'ailleurs été prévue, et un roulement de tambours devait lui couper la parole en cas de besoin. Il était neuf heures moins dix lorsque quatre artilleurs entrèrent dans la salle.

— Voici les hommes qui viennent vous prendre, Monsieur, dit le capitaine Lebrun-Renault.

— Bien, mon capitaine, je les suis, mais je vous le répète les yeux dans les yeux, je suis innocent.

Et il suivit les soldats. »

Le lendemain, l'*Agence Havas* communiqua aux journaux la note suivante, qui établit seulement que le capitaine Lebrun-Renault n'avait fait lui-même aucune communication à la presse :

« Le Ministre de la guerre a interrogé le capitaine de la garde républicaine Lebrun-Renault sur les affirmations qui lui sont attribuées par certains journaux relativement à une conversation avec l'ex-capitaine Dreyfus. Le capitaine Lebrun-Renault a certifié au Ministre qu'il n'a fait aucune communication à aucun organe ni représentant de la presse. »

Le *Figaro* reproduit cette note en la faisant suivre des lignes suivantes : « C'est absolument exact et le capitaine Lebrun-Renault a dit la vérité en affirmant à son Ministre qu'il n'avait « fait aucune communication à aucun organe ni représentant de la presse. »

« Ce qui est vrai, c'est qu'il y a eu seulement une « conversation » tenue par ce brave officier de la meilleure foi du monde devant des personnes qu'il ne soupçonnait pas devoir la rapporter.

« Nous ne croyons pas d'ailleurs que les règlements interdisent à un militaire d'avoir des conversations de ce genre avec sa famille ou ses amis. »

Ce n'est que dans la *Cocarde* du 8 janvier que parut, sous la signature de M. Castelin junior, le propos que vous avez reproduit, mais que le journal attribuait à un autre officier que le capitaine Lebrun-Renault.

Aussi bien, l'invraisemblable du récit que vous avez produit à la tribune de la Chambre ne ressort-elle pas avec une souveraine évidence d'une pièce, incontestable celle-là, qui figure au dossier de mon mari et que vous ne pouvez ignorer, dont vous avez dû prendre connaissance pendant votre passage au ministère de la guerre.

Le jour même du rejet de son pourvoi, alors que tout espoir était perdu pour lui, à la veille d'un supplice atroce entre tous, mon mari reçut dans sa prison la visite du commandant du Paty de Clam, que vous connaissez bien, Monsieur le Député, qui avait dirigé l'enquête préliminaire à l'arrestation et qui venait au nom du Ministre de la guerre demander au capitaine Dreyfus s'il voulait reconnaître sa culpabilité.

— Mon mari répondit : « Je suis innocent, je n'ai rien à avouer. »

— N'auriez-vous pas commis une imprudence ? dit M. du Paty. N'auriez-vous pas voulu amorcer un agent étranger ?

— Je ne connais aucun agent. Je n'ai jamais eu de telles relations, répliqua le capitaine Dreyfus ; je n'ai jamais voulu amorcer personne, je suis innocent de ce dont on m'accuse.

— Alors, déclara celui qui a été son bourreau, l'homme qui m'a torturée, moi, malheureuse femme, avec des raffinements de sauvage, alors, si vous dites vrai, vous êtes le plus grand martyr du siècle!

M. du Paty de Clam peut nier cette conversation, mais voici une lettre qui en fait foi, qui a été écrite après que l'envoyé du général Mercier eut quitté la prison du Cherche-Midi, qui fut remise au Ministre, qui figure au dossier du Ministère de la guerre, que, je le répète, vous deviez connaître et qui aurait dû vous empêcher de porter à la tribune de la Chambre l'assertion que vous y avez portée.

Mon mari écrivait au général Mercier :

« Monsieur le Ministre,

J'ai reçu par votre ordre la visite du commandant du Paty de Clam auquel j'ai déclaré encore que j'étais innocent et que je n'avais même jamais commis la moindre imprudence. Je suis condamné, je n'ai aucune grâce à demander, mais au nom de mon honneur, qui, je l'espère, me sera rendu un jour, j'ai le devoir de vous prier de vouloir bien continuer vos recherches.

Moi parti, qu'on cherche toujours, c'est la seule grâce que je sollicite.

Alfred Dreyfus. »

Et c'est le lendemain du jour où il écrivait cette lettre que mon mari aurait fait l'aveu que vous avez présenté à la Chambre comme la preuve de la culpabilité d'un martyr, d'un innocent!

La démarche de M. du Paty de Clam prouve que jusqu'à la fin le général Mercier a eu des doutes sur la culpabilité de l'homme qu'il n'avait pu faire condamner qu'en violant la loi et qu'en trompant les officiers du Conseil de guerre.

La lettre authentique de mon mari dément le propos qui lui a été prêté.

Je vous prie d'agréer, Monsieur le Député, l'assurance de mes sentiments distingués.

LUCIE DREYFUS.

Paris, 14 janvier 1898.

II

MADAME DREYFUS A M. G. CAVAIGNAC

Le 16 janvier 1898.

Monsieur le député,

Vous me dites qu'un témoignage écrit des déclarations du capitaine Lebrun-Renault existe entre les mains de M. le ministre de la guerre.

Je dois à mon mari, à mes enfants, à la vérité de dissiper l'équivoque de votre réponse.

Ce témoignage écrit qui a été si subitement révélé par vous, que le ministre d'ailleurs ne produit pas, est-il ou n'est-il pas du capitaine Lebrun-Renault?

S'il n'est pas du capitaine Lebrun-Renault lui-même, il est sans valeur; c'est un mensonge à ajouter à tous ceux qu'a fait M. du Paty de Clam depuis le premier jour, quand il affirmait que mon mari, écrivant sous sa dictée, s'était mis à trembler — alors que la page écrite, ce jour-là, par mon mari ne porte aucune trace d'une émotion qui eût été cependant bien explicable — ou quand il affirmait que son crime était connu du Président de la République et des ministres — alors que M. Casimir-Perier, le général Saussier ne furent informés de son arrestation que longtemps après.

Mais le capitaine Lebrun-Renault n'a jamais rien dit de tel; j'en ai pour témoin le commandant Forzinetti, dont le général Saussier pourra vous dire la loyauté et qui a recueilli du capitaine Lebrun-Renault lui-même un démenti catégorique de votre allégation.

J'en ai pour témoin M. Clisson, qui a écrit le jour même dans le *Figaro* le récit véridique de l'entretien du capitaine Lebrun-Renault avec mon mari. J'en ai pour témoins d'autres personnes encore qui auront, elles aussi, le courage de parler, d'affirmer la vérité, qui répèteront demain devant la justice, sous la foi du serment, les démentis que le capitaine Lebrun-Renault a constamment opposés à cette calomnie. Sous la foi du serment, devant la justice, le capitaine Lebrun-Renault confirmera lui aussi la vérité.

Vous pouvez demander à M. Lebon, ministre des Colonies, de vous montrer les lettres dont il ne m'envoie plus que des copies, me privant ainsi de la vue même de cette chère écriture.

Lisez ces lettres, monsieur, vous n'y trouverez, dans l'affreuse agonie de ce supplice immérité, qu'un long cri de protestation, qu'une longue affirmation d'innocence, l'invincible amour de la France.

Vivant ou mort, mon infortuné mari, je vous le jure, sera réhabilité. Toutes les calomnies seront dissipées, toute la vérité sera connue. Ni moi, ni nos amis, ni tous ces hommes que je connais seulement de nom, mais qui ont, eux, le souci de la justice, ne désarmeront jusque là.

Je vous prie d'agréer, Monsieur le député, l'expression de mes sentiments distingués.

Lucie DREYFUS.

III

LE CAPITAINE DREYFUS A MAÎTRE DEMANGE

Le 20 janvier 1898.

Madame,

J'ai l'honneur de vous communiquer les lettres que votre malheureux mari m'a écrites il y a trois ans, la veille et le soir même de sa dégradation. C'est bien la preuve qu'il n'a jamais cessé de protester de son innocence.

Votre respectueusement,

EDGARD DEMANGE.

Le 3 janvier 1895.
(Jeudi, midi.)

Cher Maître,

Je viens d'être prévenu que je subirai demain l'affront le plus sanglant qui puisse être fait à un soldat.

Je m'y attendais, je m'y étais préparé, le coup a cependant été terrible. Malgré tout, jusqu'au dernier moment, j'espérais qu'un hasard providentiel amènerait la découverte du véritable coupable.

Je marcherai à ce supplice épouvantable, pire que la mort, la tête haute, sans rougir.

« Vous dire que mon cœur ne sera pas affreusement torturé quand on m'arrachera les insignes de l'honneur que j'ai acquis à la sueur de mon front, ce serait mentir.

J'aurais certes mille fois préféré la mort.

Mais vous m'avez indiqué mon devoir, cher Maître, et je ne puis m'y soustraire, quelles que soient les tortures qui m'attendent. Vous m'avez inculqué l'espoir, vous m'avez pénétré de ce sentiment qu'un innocent ne peut rester éternellement condamné, vous m'avez donné la foi.

Merci encore, cher Maître, de tout ce que vous avez fait pour un innocent.

Demain, je serai transféré à la Santé.

Mon bonheur serait grand si vous pouviez m'y apporter la consolation de votre parole chaude et éloquente et ranimer mon cœur brisé.

Je compte toujours sur vous, sur toute ma famille pour déchiffrer cet épouvantable mystère.

Partout où j'irai, votre souvenir me suivra, ce sera l'étoile d'où j'attendrai mon bonheur, c'est-à-dire ma réhabilitation pleine et entière.

Agréez, cher Maître, l'expression de ma respectueuse sympathie.

A. Dreyfus.

J'apprends à l'instant que la dégradation n'aura lieu que samedi. Je vous envoie quand même cette lettre.

Prison de la Santé.
(Samedi.)

Cher Maître,

J'ai tenu la promesse que je vous avais faite.

Innocent, j'ai affronté le martyre le plus épouvantable qu'on puisse infliger à un soldat; j'ai senti autour de moi le mépris de la foule; j'ai souffert la torture la plus terrible qu'on puisse s'imaginer. Et que j'eusse été plus heureux dans la tombe! Tout serait fini, je n'entendrais plus parler de rien, ce serait le calme, l'oubli de toutes mes souffrances.

Mais hélas! le devoir ne me le permet pas, comme vous me l'avez si bien montré.

Je suis obligé de vivre, je suis obligé de me laisser encore martyriser pendant de longues semaines pour arriver à la découverte de la vérité, à la réhabilitation ds mon nom.

Hélas! quand tout cela sera-t-il fini, quand serai-je de nouveau heureux?

Enfin, je compte sur vous, cher Maître. Je tremble encore au souvenir de tout ce que j'ai enduré aujourd'hui, à toutes les souffrances qui m'attendent encore.

Soutenez-moi, cher Maître, de votre parole chaude et éloquente; faites que ce martyre ait une fin, qu'on m'envoie le plus vite possible là-bas où j'attendrai patiemment, en compagnie de ma femme, que l'on fasse la lumière sur cette lugubre affaire et qu'on me rende mon honneur.

Pour le moment, c'est la seule grâce que je sollicite. Si l'on a des doutes, si l'on croit à mon innocence, je ne demande qu'une seule chose pour le moment : c'est de l'air, c'est la société de ma femme.

et alors j'attendrai que tous ceux qui m'aiment aient déchiffré cette lugubre affaire. Mais qu'on fasse le plus vite possible, car je commence à être à bout de résistance. C'est vraiment trop tragique, trop cruel, d'être innocent et d'être condamné pour un crime aussi épouvantable.

Pardon de ce style décousu, je n'ai pas encore mes idées à moi, je suis profondément abattu physiquement et moralement. Mon cœur a trop saigné aujourd'hui.

Pour Dieu donc, cher Maître, qu'on abrège mon supplice immérité.

Pendant ce temps, vous chercherez et j'en ai la foi, la conviction intime, vous trouverez.

Croyez-moi toujours votre dévoué et malheureux

A. Dreyfus.

A LA MÊME LIBRAIRIE

L'AFFAIRE DREYFUS. — **Le Procès Zola** devant la Cour d'assises de la Seine et la Cour de cassation (7 février-23 février, 31 mars-2 avril 1898). Compte rendu sténographique *in extenso* et documents annexes. Deux volumes in-8 de 500 pages. Prix . . **7**

Capitaine PAUL MARIN. — **Dreyfus?** Un fort vol. in-18 . . **3 50**
— **Esterhazy?** Un fort vol. in-18. . . . . **3 50**
— **Le lieutenant-colonel Picquart?** Un fort vol. in-18 **3 50**
— **Le capitaine Lebrun-Renault.** Un vol. in-18 . . . **3 50**

A. RÉVILLE. — AFFAIRE DREYFUS. — **Les étapes d'un intellectuel.** Une brochure in-18 . . . . **1**

JUSTIN VANEX. — DOSSIER DE L'AFFAIRE DREYFUS. (Les points éclaircis). **Coupable ou non.** Une brochure in-8 . . . **1**

E. DUCLAUX, membre de l'Institut. L'AFFAIRE DREYFUS. **Propos d'un Solitaire.** Une brochure in-18. . . . . » **50**
— **Avant le Procès.** L'AFFAIRE DREYFUS. Une brochure in-18 . . . . » **50**

YVES GUYOT. — **La revision du procès Dreyfus.** Faits et documents juridiques. Une brochure in-8 . . . . **2**

BERNARD LAZARE. — **Comment on condamne un innocent.** L'acte d'accusation contre le capitaine Dreyfus. Une brochure in-8 . . . . » **50**
— **L'Affaire Dreyfus.** Une erreur judiciaire. (Deuxième mémoire avec des expertises d'écritures de MM. Crépieux-Jamin, Gustave Bridier, de Rougemont, P. Moriaud, E. de Marneffe, du Gray Birch, Th. Gurrin, J.-H. Schooling, D. Carvalho, etc.) Un volume in-8 . . . . **3 50**
— **La Vérité sur l'Affaire Dreyfus.** Une erreur judiciaire. Premier mémoire (1897). Une brochure in-18 . . . . . . » **5**

YVES GUYOT. — L'INNOCENT ET LE TRAITRE. **Dreyfus et Esterhazy.** Le devoir du garde des sceaux, ministre de la Justice. Une plaquette in-12. » **25**

SAINT-GEORGES DE BOUHÉLIER. — AFFAIRE DREYFUS. **La Révolution en marche.** Une brochure in-18 . . . . » **50**

JEAN TESTIS. — LA TRAHISON. **Esterhazy et Schwartzkoppen.** Une brochure in-18 . . . . » **50**

ED. HEMEL et HENRI VARENNES. — **Le dossier du lieutenant Fabry.** Pages d'histoire judiciaire. Une brochure in-18. **1**

JOSEPH REINACH. — **Le Curé de Fréjus ou les preuves morales.** Une plaquette in-18 . . . . » **25**
— **A l'île du Diable.** Une plaquette in-18 . . . . » **10**

RAOUL ALLIER. — UNE ERREUR JUDICIAIRE AU DIX-HUITIÈME SIÈCLE. **Voltaire et Calas.** Une jolie brochure in-18. . . . . . » **50**

ALFRED MEYER. — LE BAILLON EN 1766. **Lally-Tollendal et son procès de trahison.** Un volume in-18 . . . . **1**

PIERRE LEDROIT. — **A la France.** Hommage à un innocent. Poème. Une plaquette in-8 . . . . » **25**

Vincennes, Imprimerie Lucien LÉVY, 2, rue Lejemptel.

A LA MÊME LIBRAIRIE

L'AFFAIRE DREYFUS. — **Le Procès Zola** devant la Cour d'assises de la Seine et la Cour de cassation (7 février 23 février, 31 mars-2 avril 1898). Compte rendu sténographique *in extenso* et documents annexes. Deux volumes in-8 de 500 pages. Prix . . **7** »

Capitaine PAUL MARIN. — **Dreyfus ?** Un fort vol in-18 . . **3 50**
— **Esterhazy ?** Un fort vol. in-18. . . . . **3 50**
— **Le lieutenant-colonel Picquart ?** Un fort vol. in-18 **3 50**
— **Le capitaine Lebrun-Renault.** Un vol. in-18 . . . **3 50**

A. RÉVILLE. — AFFAIRE DREYFUS. — **Les étapes d'un intellectuel.** Une brochure in-18. . . . . **1** »

JUSTIN VANEX. — DOSSIER DE L'AFFAIRE DREYFUS. (Les points éclaircis). **Coupable ou non.** Une brochure in-8. . . . **1** »

E. DUCLAUX, membre de l'Institut. L'AFFAIRE DREYFUS. **Propos d'un Solitaire.** Une brochure in-18. . . . . » **50**
— **Avant le Procès.** L'AFFAIRE DREYFUS. Une brochure in-18 . . . . » **50**

YVES GUYOT. — **La revision du procès Dreyfus.** Faits et documents juridiques. Une brochure in-8 . . . . **2** »

BERNARD LAZARE. — **Comment on condamne un innocent.** L'acte d'accusation contre le capitaine Dreyfus. Une brochure in-8. . . . . » **50**
— **L'Affaire Dreyfus.** Une erreur judiciaire. (Deuxième mémoire, avec des expertises d'écritures de MM. Crépieux-Jamin, Gustave Bridier, de Rougemont, P. Moriaud, E. de Marneffe, du Gray Birch, Th. Gurrin, J.-H. Schooling, D. Carvalho, etc.) Un volume in-8 . . . . **3 50**
— **La Vérité sur l'Affaire Dreyfus.** Une erreur judiciaire. Premier mémoire (1897). Une brochure in-18 . . . . . » **50**

YVES GUYOT. — L'INNOCENT ET LE TRAITRE. **Dreyfus et Esterhazy.** Le devoir du garde des sceaux, ministre de la Justice. Une plaquette in-12. . . . . » **25**

SAINT-GEORGES DE BOUHELIER. — AFFAIRE DREYFUS. **La Révolution en marche.** Une brochure in-18 . . . . » **50**

JEAN TESTIS. — LA TRAHISON. **Esterhazy et Schwartzkoppen.** Une brochure in-18. . . . . » **50**

ED. HEMEL et HENRI VARENNES. — **Le dossier du lieutenant Fabry.** Pages d'histoire judiciaire. Une brochure in-18. **1** »

JOSEPH REINACH. — **Le Curé de Fréjus ou les preuves morales.** Une plaquette in-18 . . . . » **25**
— **A l'île du Diable.** Une plaquette in-18 . . . . . . » **10**

RAOUL ALLIER. — UNE ERREUR JUDICIAIRE AU DIX-HUITIÈME SIÈCLE. **Voltaire et Calas.** Une jolie brochure in-18 . . . . . . » **50**

ALFRED MEYER — LE BAILLON EN 1766 **Lally-Tollendal et son** . . . . **1** »

PIERI — innocent. . . . » **25**

Dreyfus, Alfred
Lettres d'un innocent

www.ingramcontent.com/pod-product-compliance
Lightning Source LLC
Chambersburg PA
CBHW050643170426
43200CB00008B/1137